東京外国語大学アジア・アフリカ言語文化研究所
叢書 知られざるアジアの言語文化Ⅶ

黒タイ歌謡
〈ソン・チュー・ソン・サオ〉

― 村のくらしと恋 ―

樫永 真佐夫 著

東京外国語大学
アジア・アフリカ言語文化研究所

「叢書　知られざるアジアの言語文化」刊行にあたって

自己の国家をもたない民族が多数アジアで暮らしています。彼らは、近代領域国家の周縁に置かれており、少数民族と呼ばれています。これまでわれわれは、少数民族の言語・文化に接する機会が少なく、あったとしても、それは往々にして、他の民族のフィルターをとおしてでした。たとえば、和訳された民話や神話などの文献は、ほとんど原語からではなく、英文、仏文や近代国家の標準語からの重訳が多かったことを思い起こせば、この点は容易に理解できるでしょう。

「叢書　知られざるアジアの言語文化」は、少数民族が自身の言語で叙述した歴史と文化に関する口頭伝承や文献を和訳することによって、彼らに対する理解を深め、その思考法に一歩でも近づくためのシリーズです。これによって、より多くの読者が少数民族固有の価値観を熟知するきっかけになればと願っています。

原則として、少数民族の言語から直接和訳することが求められます。少数民族の文字による文献および聞き取りによって採集されたオーラル資料のテキストからの翻訳が主流となりますが、第三者、つまり多数民族の言語と文字を借りて自己表現する場合も無視できません。少数民族はしばしば政治権力を掌握する人々の言語と文字を用いて自己を表現する境遇にあるからです。その場合は、少数民族自身によって語られるか書かれている点、また内容は少数民族の価値観を表している点などが要求されます。

誰しも、表現した内容を相手に理解してもらいたいと望んでいます。相手がそれを理解してくれないことほど悲しいことはありません。多数民族は自己が立てた標準に彼らが達しないことや彼らの思考法が自分たちと異なることを理由に、少数民族を解ろうと努力してこなかった向きがあります。人間の表現は、音で意思を伝達する言葉と符号で意味を伝達する文字に頼っています。言語が異なると意味が通じないのは自明のことわりですが、その言語を習得すれば、言葉の背後に潜む思考法も理解でき、他者の文化的価値観を知る能力が増大することは確かです。

幸い、近年、アジアの少数民族のあいだで長期のフィールドワークをすすめ、多くの困難を克服して彼らの言語と文字を習得した若手研究者が増えています。東京外国語大学アジア・アフリカ言語文化研究所では、そうした若手研究者を共同研究プロジェクトに迎え入れて、所員とともにさまざまなオーラルと文献の資料を和訳し公刊することになりました。少数民族の言語と文化を少しでも多くの日本人に理解していただく一助となればと期待しております。

クリスチャン・ダニエルス（唐　立）

都下府中の研究室にて

2007年10月1日

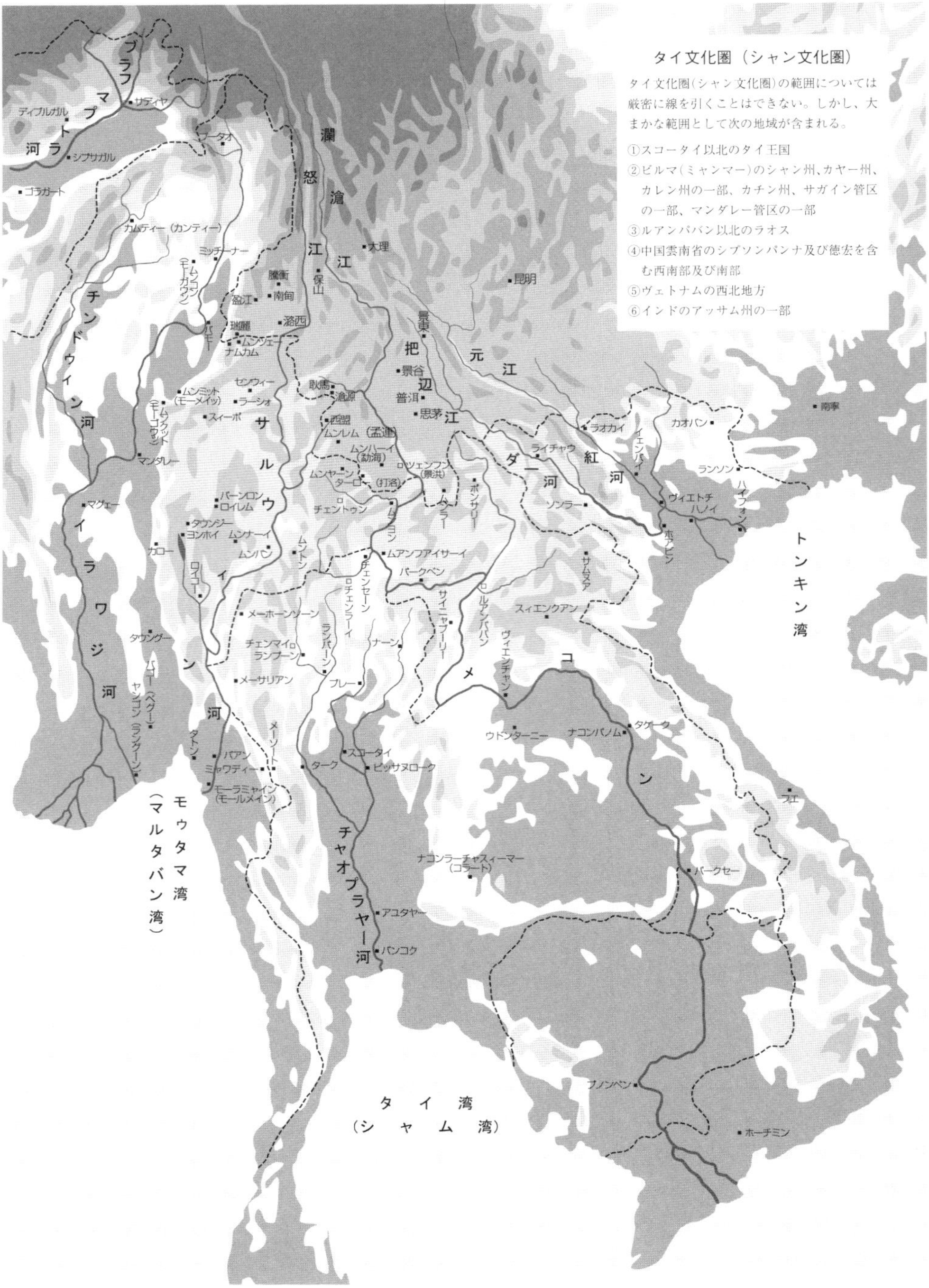

（新谷忠彦『タイ族が語る歴史』より一部改変）

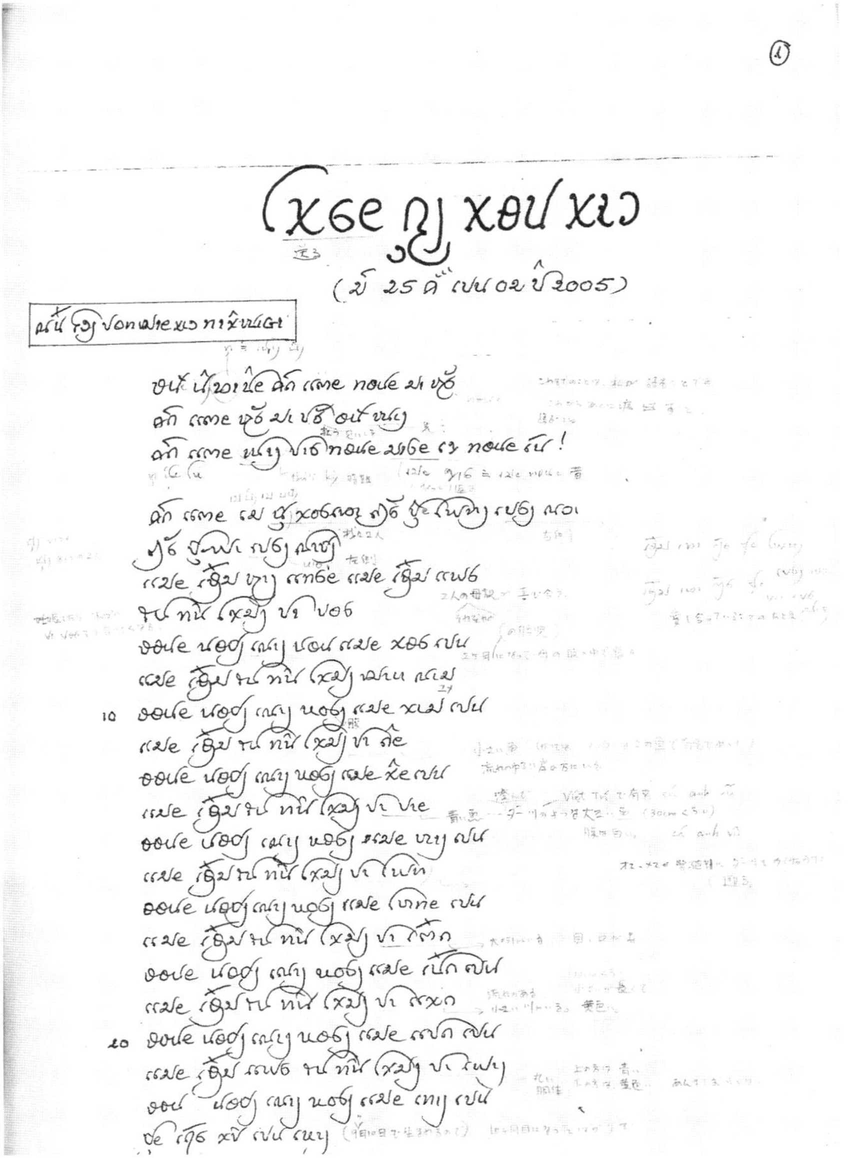

カム・チョン版『ソン・チュー・ソン・サオ』の１頁。Ａ４用紙にペンで丁寧に筆写されている。日本語や黒タイ語による書き込みは筆者によるもの。

まえがき

ソン・チュー・ソン・サオ（*Xống Chụ Xon Xao*）、このタイトルをどう訳したらいいだろうか。ぴったり合った日本語タイトルがつけられないだろうか。できれば気の利いた漢字四つがいい。何年もわたしはこんな思いにとらわれていた。

ベトナム語の訳書がある。タイトルは「ティエン・ザン・グオイ・イエウ（Tiễn dặn người yêu）」。ソン（*xống*）に「送る（tiễn）」、チュー（*chụ*）とサオ（*xao*）に「恋人（người yêu）」、ソン（*xon*）に「諭す（dặn）」の訳語をあてている。日本語で「恋人を送り、諭す」という、わかるようなわからないような意味である。しかし黒タイ語と同じ4語4音節で歯切れよく歌謡のタイトルとして収まりがいい。

意味はあいまいでもちょっと古風で艶のある邦題をつけたい。しかし、説明的で締まりの悪い日本語しかどうしても思いつかない。そのうち考えるのが面倒くさくなった。だから天啓のごとく名案がぱっとひらめくのを待つことにした。じきに待つのにも飽きた。とうとうなぜ日本語に訳しにくいのかを考えることにした。

このタイトルの難しさは、まずチューという黒タイ語の訳しにくさにある。2005年から2006年の2年にわたってこの歌の意味や味わいを教えてくださったカム・チョン先生も、思い起こせば、チューなる語の解説にずいぶん力がこもっていたものである。チューは日常会話では、恋人、妾、不倫相手などの意味で用いられている。この言葉を口にするなら多少ニヤけるのもご愛嬌、くらいに思っていた。しかし先生によると、どうやらチューとは本来、運命や因縁という人智を越えた決定に抗って愛し合う、男女の傷ましい魂の交感を示すようだ。つまりは、厳粛かつ高尚な思想概念らしい。だから「チューを惚れた腫れたで簡単にくっついたり離れたりする、そのへんの色恋沙汰といっしょにされちゃ困る」と言わんばかり、わたしをたしなめたものである。チューの概念については「5講」をご覧いただきたいが、「恋人」くらいの訳語だともの足りない、鬼気迫る愛の形がこの語にはこもっているのである。そういう難解で気品がある言葉を、この歌のタイトルは含んでいる。

訳しにくい理由はほかにもある。たとえばわたしは、このタイトルにある「送る」と「諭す」の関係の理解に苦しんできた。「送る」とは、亡くなった人の魂を天上世界に送り出すことではない（日常的にはこの意味でしばしば用いられる）。ここでは、愛し合あっている女性が嫁いでいくのを恋人の男性が耐え忍んで見送ることであろう。だが、なぜ送ったあとに諭すのだろう。しかも、いったい誰に？　ソン・サオとは、未婚女性に教え諭すという意味である。しかし、このサオ（未婚女性）は男に見送られる恋人のことなのか、未婚女性一般のことなのか、あいまいである。わたしは、男が涙をのんでチューを送った不幸な恋物語を、これから結婚する若いむすめたちに教訓として語り伝える意図がこめられている、と解釈している。

では、どこでむすめたちに説教を垂れるのだろうか。それは、婚礼の宴会の場である。この歌は婚礼の宴会における歌合戦でかならず歌われるからである。つまり、ソン・チュー（恋人を送る）は歌の内容のことであり、ソン・サオ（むすめを諭す）は歌を歌う場のことである。歌物語の中の世界と、現実の社会生活とが重ね合わされている奇妙な二重性も、このタイトルが訳しにくい理由にちがいない。

こういう思いつきにすっかり満足して納得してしまい、晴れてカタカナで「ソン・チュー・ソン・サオ」を邦題とすることに、わたしは決めた。

本書は次のように構成されている。まず『ソン・チュー・ソン・サオ』の訳注の前に、解説がある。ここでは歌謡の継承者である黒タイの人々の文化と社会を、文字文化との関わりから概説する。この歌謡には黒タイ文字で書かれた写本が多数あり、本書の訳注もカム・チョン先生による写本に基づいているからである。ただしこの解説は、拙著『黒タイ年代記―「タイ・プー・サック」』における「解説」と重なる記述も含んでいることをお断りしておかなくてはならない。

さて、この歌は黒タイの人々の間ではかなり人口に膾炙している。村の生活者にとってはわかり易い内容である。村の常識が歌詞にふんだんに盛り込まれているからである。しかし、かれらにとってあたりまえのモノ、知識、習慣、しきたりがわれわれにとってあたりまえとはかぎらない。だからこそ日本人に紹介するには詳細な解説の必要が生じる。そこで日本語訳に際して詳しい訳注を付すとともに、「黒タイ文化12講」の章を置き、文化や習慣に関する解説を項目ごとに補足した。「12講」のあとに、歌に登場する地名、民族名、動植物名を一覧にして説明した。

こうしたあの手この手による解説が、黒タイの人々にとっての伝統と生活をイメージする一助になればと願っている。ただし、わたしの解釈と思い込みをごてごてに塗り込んで、この歌の情趣を逆に損ないはしまいか、気になるところである。

『ソン・チュー・ソン・サオ』は、端的に恋の歌である。恋する男女の心の動きが、くらしや土地の情景にうめこまれて歌われている。本書の底本であるカム・チョン写本で1852行の歌詞には、擬態語、擬音語、言葉遊びが駆使され、慣用句や諺を下敷きにした言い回しも頻用され情緒的効果が高められている。その味わいを、どれだけつたえられているか心もとないが、言語への関心が深い読者への便宜もかねて、本書では擬態語、擬音語、諺、慣用句を一覧にして解説している。

なお本書における黒タイ語表記は、1981年にソンラー（Sơn La）省、ライチャウ（Lai Châu）省、ホアンリエンソン（Hoàng Liên Sơn）省の各人民委員会文化局の合意で確立されたローマ字表記黒タイ語を用いる[Hoàng Trần Nghịh và Tòng Kim Án (biên soạn) 1990: 14]、その場合、ベトナム語と区別するためにイタリック表記する。

目　次

「叢書 知られざるアジアの言語文化」刊行にあたって …… i
まえがき …… iv

I 解　説 …… 1

II『ソン・チュー・ソン・サオ』訳・訳注 …… 21

III 黒タイ文化 12 講 …… 141

1講 父系親族集団：同姓集団と「三族」
2講 婚姻慣行
3講 民間の宗教技能者
4講 ターイ暦とパップ・ム（暦書）
5講 ミン、ネン、コーの霊的概念
6講 家屋建築と屋内の配置
7講 家畜の飼育籠
8講 水筒
9講 布つくり
10講 遊興台と楽器
11講 恋愛詩『クン・ルー・ナーン・ウア』
12講 物語『クアム・マイン・トン』

IV 民族集団名／地名／動植物名／擬音語・擬態語／諺・慣用句 …… 194

引用文献 …… 232

あとがき …… 235

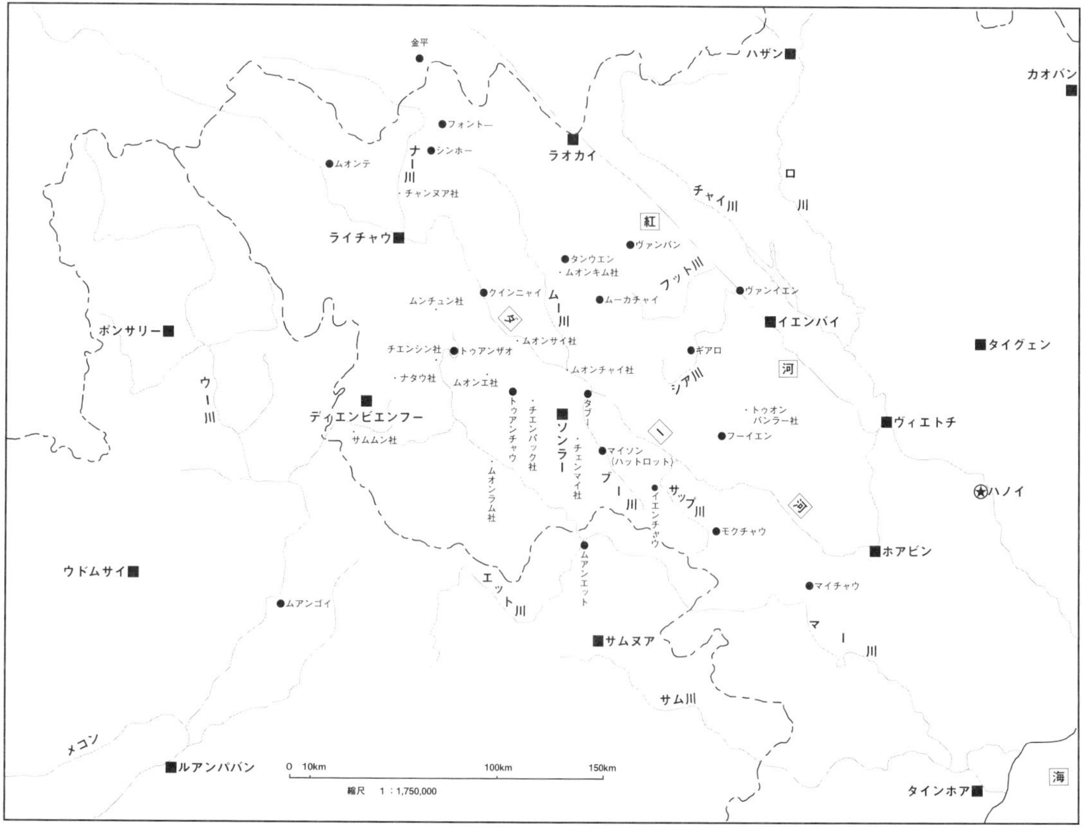

ベトナム西北地方を中心とする地図

解　　説

『ソン・チュー・ソン・サオ』は恋の歌である。歌物語と呼んでもいい。いっしょの村で、いっしょに生まれて、いっしょに育った男の子と女の子が、しぜんななりゆきとして恋しあう。しかし、周囲に仲をひきさかれ、男は村から出て行ってしまう。長い年月を経て二人が結ばれるまでの長い苦難が切々と歌われる。以下では、この歌を伝えてきた黒タイという民族の文化的特徴を、1997年以来の筆者による村での見聞を交えながら概説する。そのうえで、歌詞のあらすじ、その味わいを、村の生活のようすに触れながら述べたい[1]。

1，黒タイの民族的特徴と文字文化

黒タイとはどのような文化的特徴を持つ民族なのだろうか。『ソン・チュー・ソン・サオ』については、黒タイ文字で記された写本もたくさん継承されているが、黒タイの文字文化とはどのようなものであろうか。黒タイの文化について、文字文化との関連から以下では述べる。拙著『黒タイ年代記』［樫永　2011］とも記述が重複するが、この歌謡の内容を理解し味わう上で一助になると思われるので、この点については、読者諸氏のご了解を請いたい。

1-1　ベトナムにおける黒タイ

ベトナム社会主義共和国では、言語的特徴、生活・文化的特徴、民族的自意識という3つの指標に基づいて、54の民族《ザントック》（dân tộc）が公定されている［Tạp chí dân tộc học（biên soạn）1980: 79］。国民は原則としていずれかの公定民族に属し、IDカードにも民族籍が記されている。民族ごとに代表の国会議員を出すこともできるのだ。

総人口約8585万人の86％を占める7359万人がキン族（京族）である（2009年人口調査）。彼らが紅河デルタを中心に、千年以上にわたって歴代ベトナム諸王朝を興亡させてきた。53少数民族中もっとも人口が多い

ベトナムにおける黒タイの村落景観(ディエンビエン省トゥアンザオ県)

のがタイー(Tày)で人口163万人、2番目に多いのがターイ(Thái)で、人口155万人である。いずれもタイ語系集団であり、タイーはホン河以東の東北地方、ターイはホン河以西の西北地方を中心に居住している。

黒タイ(*Tãy Đăm*)は，白タイ(*Tãy Đón* または *Tãy Khao*)とともにターイの地方集団とされている。両者ともに灌漑水稲耕作を主生業とする盆地民だが、黒タイだけでターイの人口の半数を越える。国境を接するラオス側にも約5万人居住している[2]。

ラオスでは黒タイと白タイをそれぞれの別の民族として分類しているのに対して、ベトナムでは同一の民族として分類している。両者は以下の3点で、文化的共通性が高いタイ語系民族とされるからである。ともにタイ語系の近似する言語を話すこと、上座仏教を受容していないにもかかわらず、上座仏教とともに東南アジア大陸部東部に広まった古クメール系の固有文字(ターイ文字)を継承していること、姓、財産が父系的に継承されること、フランス植民地化された19世紀以前からムオン(*mường*)とよばれる類似した盆地政体と政治社会組織を形成してきたことである。ムオン(ムアンまたはムン)[3]とは、タイ語系諸集団が中国雲南省からインドシナ北部の河谷平野や盆地を中心に、13世紀くらいから形成したとされる自律的な政治単位のことである。本書では、ベトナム語表記をカタカナ表記する際の慣例にならって、ムオンまたは「くに」とよぶ。

西北地方のターイの各人は自分が白タイか黒タイかをはっきり意識して

ラオス、フアパン県ムアンエットにある黒タイ村落の伝統家屋

いる。居住地域も、盆地ごとにかなりはっきり分かれている。たとえば黒タイはイエンチャウ、マイソン、ソンラー、ギアロ、トゥアンチャウ、トゥアンザオ、ディエンビエンの各盆地に多い。一方、白タイはライチャウ、ムオンテ、フォントー、タンウエン、クインニャイなどのダー河上流部の北部グループと、フーイエン、モクチャウ、マイチャウなどダー河中下流部、マー川中流部の南部グループに分かれて分布している[4]。さらに彼らは次のような点に、両者の文化的相違を明確に意識している。既婚女性の髪型、女性の上着の襟元の形、家屋内の配置、祖先を祭る忌日、表記文字の字体などの違いである［樫永　2011：2-3］。

ターイの社会は、20世紀に至るまで首領を頂点として貴族、平民、半隷属民、家内奴隷という区分が明確な階層社会であった。首領や貴族を世襲したのは、黒タイの場合、ロ［・ルオン］（*Lò* [*Luông*]）、カム姓（*Cầm*）、バック・カム姓（*Bạc Cầm*）などロ・カム系統（*Lò Cầm*）の姓をもつ一族であった。くにの盆地内の田地は貴族に属するとされていたので、田地の分配をはじめとして司法、立法、行政全般を、貴族から選ばれた役職者と、平民から選ばれた「長老会（*thẩu ké hãng mường*）」の役職者が担った。半隷属民は、平民とおなじ租税と人頭税に加えて、貴族のための耕作、家屋の修繕補修、貴族の接客のための肉、米、酒を供出する義務を負っていた。この階層の多くは、モン・クメール語系、カダイ語系、チベット・ビルマ語系などの言語集団に属する異民族集団の村落住民たちである。サー

ラオス、フアパン県ムアンエットにある黒タイ村落にて

と総称される彼らは、黒タイや白タイなどターイが北方から下り、くにをなす以前からの先住民であり、被征服民であるとターイの人々から見なされている。さらに家内奴隷は犯罪や負債によって身分と財産を失った者たちで、富裕層の使用人として仕えた［樫永　2011：127-128］。『ソン・チュー・ソン・サオ』の登場人物はほとんど平民だが、話の終盤で女主人公は家内奴隷にまで身を落とす。

1-2　黒タイの文字文化

ターイが継承してきた文字群は、ベトナムではターイ文字と総称されている。地域やサブグループによって字体が異なっていて、なかでも黒タイが用いてきた統一性の高い字体は黒タイ文字とよばれている。

・文字の継承

ターイ文書はどれくらい継承されているのだろうか。たとえば、ソンラー省総合科学院図書館地誌庫には、1500近くの黒タイ文字をはじめとするターイ文字文書資料がある。西北地方に民族自治区が設置された1950年代以降、ターイ文字は公教育への導入を視野に入れた書体統一のために幾度か改訂されたので、自治区期における文字改訂以前の黒タイや白タイによる字体を広く古ターイ文字とよぶならば、同地誌庫保管文書中、古ターイ文字による文書は約500冊である。それらは歌謡、物語、暦書、祈禱儀礼書、年代記に分類できる［Hoàng Trần Nghịch　1998: 188-191］。それ以外に、非常に数は少ないが、系譜文書（家霊簿）、慣習法などもある。

村落に目を転じてみよう。筆者が1997年以来調査してきたディエンビエン省トゥアンザオ県にあるA村（1997年当時49戸、人口約360人）には、コウゾなどの繊維を材料とした漉き紙に、毛筆と墨で手写された古文書が4冊伝わっている。うち3冊が歌謡で、残り1冊が『クアム・ファイン・ムオン』という年代記の一種である。

1997年当時72歳だった男性によると、かつてはもっとたくさん古文書があった。村の由緒書きもあった。しかし、インドシナ戦争（1946-1954）、ベトナム戦争（1960-1975）による戦乱で散逸した。また1960年代からは、社会主義化達成のための封建遺習撤廃や迷信異端排斥を求める共産党（労働党）による風俗改変の指導もあり、黒タイの古文書が破棄された。のみならず火災もあり、1980年頃4冊だけになった［樫永　2011：8-9］。

・識字の現状

では、いったいどれくらいの人が黒タイ文字を読めるのだろうか。1997年の調査では、A村で女性2人を含む12人の50歳以上の男女が黒タイ文字の読み書きを知るだけだった。一方、ローマ字表記ベトナム語であるクオックグー（quốc ngữ）に関しては、6歳以上の就学年齢の子どもと青年、当時40歳代前半までの女性、60歳代前半までの男性のほとんどが読み書きできる。ベトナムにおける学校教育では、もっぱらベトナム語の読み書きが中心であるし、就学率が非常に低かった時代でも男性は戦争に参加してベトナム語の読み書きを身につけたからである。村で60%を越えるクオックグー識字率に比べて、黒タイ文字の識字率は3%と低い。それから16年経っているわけなので、さらに黒タイ文字の識字者は減っている。ベトナム化が進んでいるのだ。

黒タイ文字の識字率の低さの理由について，村人はしばしば「教える学校がないからだ」と述べる。たしかに、黒タイ文字を読み書きできる人たちは、後述の民族自治区内で黒タイ文字教育が実施されていた時期（1955～1969年頃）に就学していた人たちである。しかし、実際にそうなのだ

テレビが子どもたちにとって、最大の娯楽の一つ

ろうか。1世紀近く歴史をさかのぼって話そう。

ベトナム王朝、中国雲南省、ラオスに多重朝貢する外交戦略によって事実上の政治的自立を保っていた白タイ、黒タイ各首領は、19世紀後半にフランスの支配下に入り、現ベトナム西北地方はトンキン保護領に編入された。20世紀前半のこの地域における公教育では、仏文とクオックグーが教えられていた。しかし1954年にインドシナ戦争が終結してフランス植民地期が終わると、ベトナム民主共和国（当時の北ベトナム）に組み込まれ、仏文教育は廃止され、クオックグー教育が推進された。

しかし、急速なベトナム化は困難と見てとった政府は、1955年に西北地方に民族自治区（1955-1975）を設置した。自治区内では各公的機関での自民族の言語と文字の使用が認められ、民族語による教育も実施された。固有文字をもたない民族語に関しては文字の創造が、ターイのように固有文字を持つ場合は、字体の統一や改訂が試みられたのである。ターイ文字は黒タイ文字の字体に基づいて書体が統一された。このターイ文字教育は、自治区内の公教育がクオックグー教育に一元化される1969年まで実施された。

しかし、黒タイ文字を読み書きできるA村の12人のうち10人（1997年）が、学校で黒タイ文字を習ったのではない。彼らが通った小学校では、黒タイ文字を教えていなかったからである。彼らが読み書きを覚えたのは、すでに耳で親しんでいる歌謡の歌詞を覚え、歌うためであった。電気もラジオもない時代、村人たち共通の最大の娯楽は、歌や踊りであった。1960年代までは娯楽のために文字を習得しようという人が村にもいたわけであり、必ずしも学校教育の成果ではなかったのである。その後、ラジオ、テレビ、ラジカセ、ケータイなどさまざまな情報通信機器の普及とともに、伝統的な歌や踊りに関心を示す若い世代は減っている［樫永 2010：3-4；樫永　2011：10-11］。

2，『ソン・チュー・ソン・サオ』について

2.1　あらすじ

あらすじは以下の通りである。

舞台は村である。二人の女性が同じ月に懐妊する。そして同じ月にそれぞれが男の子と女の子を産む。二人は貧しいながらもすくすく育ち、お互いに愛をはぐくむ。若者は必要な結納品をきっちりと揃え、すべての手はずを整え、むすめの両親に結婚を申し出る。しかし、むすめの両親は若者を侮辱して追い返してしまう。傷心の若者は村にいるのが恥ずかしくて、村を捨て行商の旅に出る。

実は同じ頃、ある役職者の息子もむすめの両親に求婚の意を伝えていた。その男の求婚の作法はおざなりだったが、むすめの両親は彼に娘を嫁がせる約束する。一方、元の恋人は遠方で財産を築き、今度こそ彼女を手に入れたいと村に戻ってくる。このときの若者の高ぶる気持ちの描写は色鮮やかに五感に迫り、しかも言葉と旋律の美しさゆえにもっとも好んで歌われる。

ねえ、だれかの妻になったとしても、ぼくを待つ心は残しておいてね。
ザボンの花が咲いたら、サボンの花を摘んでじっと待っていてね。
デイゴの花が咲いたら、デイゴの花を摘んでじっと待っていてね。
マーの花が咲いたら、マーの花を摘んでじっと待っていてね。
しおれた花も、水につけると生きかえる。

行商人は、棚田を見下ろしながら山や谷をいくつも越えて旅したものだ。

しなびた花も、水につけると酒になる。
いろあせた花も、薄紅の布で包んでおけば、
20年たっても、薄紅のまま、
19の世を経ても、ふっくらうるわしいよ。(575～583行)

だがこの1年のあいだに、もとの恋人の結婚は正式に決まっていた。慣習にのっとり、まもなく彼女の家では、夫になる男が住み込みで誠意を示す花婿奉仕が始まろうとしていた。若者には会いに行く勇気がなく、形見に口琴だけを置き、村を去る。

さらに8年経った。村に戻ると、もはや村で結婚していないのは自分だけになっていた。恋人にはすでに子もいた。8年間の花婿奉仕が終わり、恋人だった女はまもなく夫の家へと嫁いでいくところであった。男はまた村を出ていった。

行商の途中で男はたまたま、女の嫁ぎ先の村を通りかかった。豪勢な長者屋敷だといううわさだったのに、見れば完全に落ちぶれていて、昔の恋人は奴隷のようにこき使われ、薄汚れていた。男は変わり果てた姿に衝撃を受け、さらに傷ついてまた旅路につく。

その後、女は気が狂ったふりをし、愚妻を演じて家族に徹底的に嫌われ、ついに夫の家から追い出される。両親は出もどった女を別の男性と再婚させるが、嫁ぎ先の親族は奇矯な行動を繰り返す彼女に呆れもてあま

村人たちが野菜などを売りに集まっている朝の市場（トゥアンザオ県）

し、女はまた生家に帰ってくる。盛りはとっくに過ぎていた。もう妻として迎えてくれる家などない。父親は出戻った娘を連れて市場に通い、娘をクズウコンの葉と交換して、金持ちの使用人として放逐してしまう。偶然にも、そこの主人がずっと愛し続けていたもとの恋人だった。

しかし、寄る年波、積年の辛苦に蝕まれ、女の容貌はすっかり変わってしまっていた。男は気づかない。かつて契りあったかわいらしい恋人が、よもや自分の家の使用人になっているとは。昔男が形見に残した口琴をある日、女は愁いてうち弾いてみた。ようやく男は気がついた。昔の思いがよみがえり、男は妻の離縁を決断し、幼い頃からの恋を成就させるのである。

男はその後出世して役職につく。幸いなるかな、前妻の再婚相手も出世して役職についた。最後は、二つの夫婦ともども手を取りあい、くにを治め、幸せに暮らすのである。

2.2 結婚の宴会の歌合戦

『ソン・チュー・ソン・サオ』は悲しい歌である。人は幸せを語る饒舌を持ち合わせていないものなのだろうか。恋を引き裂かれ悩める人の心の動きが、くにの青垣なす盆地風景とともに、叙情たっぷりにうたわれる。結末のハッピーエンドが、むしろ強引な付け足しに思われるほど、全体に悲哀を帯びている。だから、ヨメに行くまで娘に聴かせるなといったものだと、齢70の翁は語った。だが、聴くなといわれれば聴きたくなるのが世のならいである。少女少年たちは大人たちに隠れて歌詞を覚え、涙したものであった。

『ソン・チュー・ソン・サオ』とは、いったいどのような歌なのだろうか。題名はよその男に嫁いでいく恋人[5]へ、はなむけとして語り聞かせることを意味している。自分のもとを去る恋人を見送る情景はあわれだが、題名の響き自体も愁いを帯びている。なぜこんな歌が、現在まで黒タイの人々の間で広く歌われているのか。理由にはもちろん、歌の調べの美しさ、言葉の美しさもあろう。だが、もう一つ忘れてはいけないのは、結婚と重要な関わりを持ってきたことである。婚礼の宴がたけなわになると、両家の親族からそれぞれ代表が出て歌を披露し、歌合戦が始まる。そのとき最初に歌われるのが、かならずこの歌の一節なのである。

なぜ祝いの席で悲しい歌を歌うのか、黒タイの識者カム・チョン（*Cẳm Chỏng,* Cầm Trọng）［1934-2007］に訊いてみたことがある。彼は「むすめたちに語り聞かせる（ソン・サオ）」教育的な意味合いがあるから、とこたえた。つまり、最初から愛する二人が一緒になってこそ幸せな人生が送れることを、恋を引き裂かれた二人をテーマにした歌を聞かせることで説き、連れ合う若い二人の幸せを祈り、祝うのだという。

2.3 村落生活のイメージ

民族学的な見地からも、この歌は興味深い。黒タイの人々が自分たちの伝統的な村の生活をどんなふうにイメージしているのかを、考える手がかりが歌詞につまっているからである。たとえば、妊娠から出産までの妊婦の食生活、成長過程に応じた子どもの行動、結婚儀礼をめぐる習俗、季節の移り変わりに応じた生産のサイクル、家族や親族の規範と慣習、近隣の民族や地域との経済交流関係をはじめとして、村落の習慣が村人の視点から随所で歌われている。筆者には、村人に黒タイの習慣について尋ねた際に、「『ソン・チュー・ソン・サオ』にもこう歌われているんだよ」と説明された経験が何度かある。つまり、自分たちの伝統や習慣ではどうかを、村人自身がこの歌をよりどころにして意識することさえあるのである。

そのうえ歌詞には、調理具、運搬具、農耕具、漁労採集用具、染織道具、楽器など村落生活で身近なモノや草木虫魚があまた登場する。これらも、村に暮らす人の日常を描き出すのに一役買っている。歌詞に村人の生活感情が丹念に塗り込まれているがために、村人たちにはひとしお感情移入しやすく、引き裂かれた恋の恨みに、わが身におこったことのごとく胸かきむしられるのではないだろうか。

2.4 恋と親族関係

先に述べたように、『ソン・チュー・ソン・サオ』の主人公ともいえる男は、貧しいがゆえに恋人の両親に結婚を許されない。恋人の両親は娘を、金持ちだとうわさされるが慣習を知らない、つまり無分別な別の男に嫁がせてしまう。このように本人の意志を蹂躙して、親が娘を金持ちに嫁がせてしまうようなことがかつてあったのか、A村で聞いてみた。「あった」という人もいれば、あくまで結婚は本人の意志を尊重するから「ない」という人もいたが、具体的にどこの誰がという話は聞けなかった。もちろん、結婚を約束し合った二人が親の反対によって別れさせられたという話なら、もっと身近にある。筆者は、隣村の例をはっきり記憶している。顛末は次の通りであった。

18歳の村むすめが、町の若者と恋仲にあった。若者はハノイからさらに100キロも海に近いところで育ったキン族だが、村に近い町に働きに来ていた。どこで二人が知りあったのか、筆者は知らない。若者はむすめから黒タイ語も学び、村にもよく遊びに来た。ついにある日、むすめの両親に結婚したいと申し出た。両親は即答せず、親族を集めて相談した。後日、「あなたの両親の家は遠すぎて、親族同士のつきあいができない」と告げて、若者の申し出を断った。

「かわいそうに、キン族の兄さん、うなだれて、涙ぽろぽろ落としながら、町へ帰っていったよ」と、同情たっぷりに村の男が、その夜、筆者に語った。『ソン・チュー・ソン・サオ』の次のような情景だろう。

こうべをたれ、たちあがろうにも涙つたう。
前にいこうにも涙あふれる。
涙こぼれて枕をぬらす。(180 ～ 182 行)

歌の主人公も、恋人の両親に結婚を申し込んだが、申し出をはねつけられ、はげしく傷心し、村を去っていった。隣村でおこった恋の実話でも、若者がはるか郷里へ去り、むすめの方は近くの村にすぐに嫁いだ。今では子どもも大きくなっている。

他にも、ハノイの大学に進学した黒タイの若者がキン族女性との結婚を双方から反対された他村の話を筆者は知っている。この場合も、若者の家族は両家のつきあいができないことを反対理由として挙げた。ふてくされた若者は田畑の耕作を手伝わず、酒におぼれた。

ある夜、町で騒動に出くわした。壁を解体した瓦礫の山に、わが身を打ちつけ血まみれになっている自暴自棄な彼が体を投げ出して伏していた。

彼ははずかしかった。もしかすると、親族がもっとはずかしかったのかもしれない。彼もほどなく村を出ていった。

さあ、あわれな若者はどこぞへいってしまうことにした。
悲しみ深く、川に棹さし、帆を張って、さあいこう。
かばんをさげ、家をでて、ものをひさぎにいくことに(492 ～ 494 行)。

彼は行商に行ったのか。県の幹部の息子だったので、どこか遠くの町の食堂の給仕の口でも誰かに世話してもらったのではなかろうか。その彼も今ごろはとっくにどこかで結婚し、すでに高校生くらいの子がいたとしても不思議ではない。彼ならこの歌をどのように聞き、口ずさむのだろうか。

さて、現代日本の親族間のつきあいを前提にして考えると、両家の距離が遠いからなど、両親が反対する真の理由はほかにあるのをごまかしたいちゃもんにすぎないと、読者は思われるかもしれない。しかし、黒タイの村の社会でそう言い切れるだろうか。娘や息子の結婚は、個人の一生における大事であるのみならず、親族集団の成員の出入に関わることなので、家族の一存だけで決められない。こういう場合、これから結婚しようとい

乳飲み子を負い、幼い子の手を引き、労働からもどる女性（トゥアンザオ県）

う男女の母の父系親族、なかでも母の実父母の意見がとりわけ尊重される。結婚だけではない。家の普請や大きな儀礼の開催など、家族にとって特別な催事は、かならずそうなのである。

口を出すのは、もちろんお金も出すからである。冠婚葬祭にはつきものの宴会の人手と費用を母方や妻方の親族が提供することがある。もっと日常的には、水田や畑での農耕の共同作業でも助け合いがしばしば必要である。日本のサラリーマン世帯とは異なり、村の世帯は完全に独立した生産と消費の単位ではない。地縁と血縁を前提にした助け合いなしには、各世帯は存続しがたい。だから「妻いとおしければ、子もいとおしい。妻の親兄弟もまたいとおしい」という諺が説くように、結婚は二人だけが愛し合えばいいのではなく、互いの親族みんなへの愛情がないとうまくいかないと諭される。こういう諺が生きていること自体、妻の親族や夫の親族とうまくやっていくことが難しい現実を証左しているのかもしれないが、それを乗りこえて親族同士は常日頃からつながっていなくてはならない。しかし、妻の親族が遠方すぎて日常のつきあいができないと、折に触れて、すがることも、頼むことも、無理強いすることもできない。さらに結婚でつながる相手が風俗習慣の異なるキン族であれば、相手に何を求めてよくて、また何を求められるのか、不安を覚えるのも無理はない。

このように結婚という制度の前に、個人が屈服させられて悲恋の花が散ることは、黒タイの村でもあり得た。だから、幸せを求める人の心に、

『ソン・チュー・ソン・サオ』は深く切なく刻み込まれてきたのだろう。

2.5 歌謡の現在

『ソン・チュー・ソン・サオ』が宴席で歌われるとき聞こえてくるのは歎息、すすり泣きだけではない。ときに笑いもおこる。苦しみを表現する言葉さえ、妙あれば可笑しい。ユーモアもこの歌の魅力なのである。

しかし筆者は酒が弱いので、歌がはじまる頃たいがいすでに泥酔し、布団にくるまれて夢見心地にあったから、遠い幻聴のように、歌と人々の興じるようす全部を聞き感じていた。はたまた別の酔漢が、酔い覚ましに隣の布団に潜り込んできて、歌詞の一節を口ずさみ、「どうだ、いいだろう？」と酒臭い息を吹きかけるのを、わかりもしないくせに「ああ、いいねえ」と口先だけ一人前の口をきき、睡眠と覚醒の境でこの歌を子守歌のように聞いていた。だから私にとって『ソン・チュー・ソン・サオ』が歌われる場は、布団にしみついた汗やホコリのにおい、人が歩きあるいはいざりなおして簀の子の床がきしむ音、台所の方で鍋や皿を扱う音、板壁の隙間からもたらされる草木や土の気配などと一緒くたに思い出される。「酒が弱くて、大事な時に仕方のないやつだ」となじられたこともあるが、筆者は筆者なりにこの歌を五感で感じ取ってきたつもりなのである。

1960年代までに青年時代を過ごした村人は、概して歌に詳しい。かつては黒タイのどの村にも遊興台が設置されていたという。夜は未婚の男女が集まり、囲炉裏の火に当たり、歌を歌ったり、楽器を奏でたり、糸を引いたり、語らったりして時を過ごした。その時代、歌謡は若者にとっても娯楽の中で大きな位置を占めていた。しかし、ベトナム戦争の戦況が激しい1960年代後半にもなると、国が戦争しているときに若者は遊んでばかりいるという批判を避けるため、村人たちが自粛して遊興台を壊した。こうして若い世代の者同士が文化を伝えあう重要な場の一つが失われた。さらに1990年代後半以降になると、急速にテレビとラジカセが普及し、黒タイの伝統的な歌謡そのものが娯楽の王座から転落していった。

歌謡の中では『ソン・チュー・ソン・サオ』はよく持ちこたえている方である。現在でも、結婚の宴席でかならず歌われているからであろう。しかし、歌い手の世代は50歳以上がほとんどを占めている。また、村を取り巻く社会環境も生態環境も急速に変化する中で、この歌に表現されている世界はだんだん身近なものでなくなりつつあるかもしれない。しかし、20～30年前までの村人たちが自分たちのくにや村に対して抱いていた哀しいほどに美しい心象を、この歌の翻訳と解説を通じて描けないだろうか。本書を執筆したのは、ひたすらにこの想いである。

3,『ソン・チュー・ソン・サオ』のテクストと翻訳

一説によると、『ソン・チュー・ソン・サオ』は、ソンラー省トゥアンチャウ県チャインダウ社（xã Tranh Đấu）[6]にあるサイン村（bản Xanh）、パーイ村（bản Pai）にいた若者たちの恋物語にもとづいているという。現地でこの二つの村は、サイン・パーイ村（bản Xanh Pai）としばしばひとまとめにしてよばれる。ニュアンスとしては、サイン村やパイン村あたりという意味である。

サイン・パーイとは、恋人への呼びかけの言葉「サーイ・パイン（*xai pãnh*）」である［Nguyễn Khởi 2002: 791］。言葉遊びで、二音節語の母音の前後が入れ替えられている。このような言葉遊びは黒タイ語でしばしばなされ、『ソン・チュー・ソン・サオ』歌中にも例がある。この物語がサイン村やパーイ村での実話に基づくかどうかはともかく、ソンラー省のトゥアンチャウやソンラー付近が舞台になっていることは間違いない。白タイが占めるライチャウやフォントー、またマー河が遠いところとして歌中で描かれているからである。しかも、この歌はほとんど黒タイの間でのみ継承されているからである。

・出版書籍

黒タイ文書でもっともよく目にするのが歌謡であるが、『ソン・チュー・ソン・サオ』もそれほど珍しい文書ではない。今でも村で保持している人もいるであろうし、前出のソンラー省総合科学院図書館地誌庫にも所蔵さ

れ、ソンラー博物館にも陳列されている。パリにあるフランス極東学院におけるコレクション「仏領インドシナのタイ手写本」中にもある[7]。

ターイ歌謡の中で、ベトナムで最初に広く紹介されたのが『ソン・チュー・ソン・サオ』であった。1957年にはディエウ・チン・ガウ（Điêu Chính Ngâu）によるベトナム語訳が、1958年にはマック・フィー（Mạc Phi [1928-1996]）による訳が、ハノイで出版されている［Cầm Cương 1985: 122］。近年ではグエン・コーイによる翻訳もある。

グエン・コーイはベトナム語で原詩の情緒を表現するために、17世紀ベトナム詩文学で流行した双七六八体の定型詩の形式に則って訳した。『ソン・チュー・ソン・サオ』成立期が17世紀頃であるという彼独自の歴史考察に基づく。また、ディエウ・チン・ガウ訳とマック・フィー訳は創作的内容を含み、彼はキン族読者には詩として親しみにくいと批判していたからである。

グエン・コーイによる編著書［Nguyễn Khỏi（biên soạn）2000］は、ディエウ・チン・ガウ訳、マック・フィー訳、グエン・コーイ訳すべてを合冊し、さらにヴオン・チュン（Vương Trung）とグエン・コーイによる論考各一篇をくわえて出版された［Nguyễn Khỏi 2002: 802］。この歌に興味を持つ読者にとっては垂涎ものの便利な一冊である。

マック・フィーによる訳書にはクオックグー表記黒タイ語による原詩が掲載されたものの、黒タイ文字そのものは掲載されなかった。グエン・コーイによる編著書では、ホアン・ルオン（Hoàng Lương）筆で黒タイ文字による原詩が付された[8]［Nguyễn Khỏi（biên soạn）2000: 8-74］。

ほかに黒タイ文字による出版としては、1985年にアメリカのタイ研究センター（Tai Studies Center）からのものがある［Tai Studies Center（ed.）1985］。インドシナ戦争期以降に、トゥアンチャウから南ベトナム経由で亡命した黒タイの一族の手によるものであろう。さらに2003年にはグエン・ヴァン・ホアがハノイ国家大学のベトナム・タイ学プログラムの事業の一環で、黒タイ文字で編纂しているが、こちらは非売品で一般には流通していない［Nguyễn Văn Hoà 2003］。

・本書の底本とカム・チョン

本書で翻訳に用いたのはカム・チョンによる写本である。カム・チョンが筆者のために校訂して作り上げた写本（2005年2月25日～2006年8月31日）に基づき、筆者はハノイにある彼の自宅で、この歌の読み方、解釈、味わいを2年にわたって学んだ。

カム・チョンは、1934年5月2日、ソンラー省マイソン県チエンマイ社バーン村（bản Ban, xã Chiềng Mai）に生まれ、2007年にハノイで逝去した著名な民族学者である。ムオン・ムアッ（マイソンの黒タイ語地名）における黒タイ首領カム・オアイ（*Cằm Oai*, Cầm Oai）［1871-1934］が、彼の父方祖父であった。ムオン・ムアッ最後の首領をつとめたカム・オアイの長男がカム・ズン（*Cằm Dung*, Cầm Dung）［1905-1978］、次男がカム・ビン（*Cằm Binh*, Cầm Vinh）［1907-1988］であり、カム・チョンはカム・ビンの長男であった。この二兄弟がベトミンに共感して抗仏活動を展開していた第二次大戦期まで、カム・チョンは父カム・ビンから黒タイ文書を読む訓練を受けた。基本的に素読で音から頭にたたき込む訓練であったという。

1944年には、トゥアンチャウの寄宿舎に入り、フランスが開設した小学校に通ったが、インドシナ戦争（1946-1954）前夜の1945年にマイソンに戻った[9]。彼はその後、芸術小児団（Đoàn thiếu nhi Nhạc kịch Tuyên truyền Kháng chiến）に入団（1-4年生）して、家族と離れて戦火を逃れ、東北地方山間部を転々としつつベトナム語と音楽を習い、その後も教育を積んだ。ギアロがフランス支配から解放された1953年、ベトナム民主共和国が西北地方にはじめてギアロに開設した小学校の教員になった。インドシナ戦争が終わった1954年には、マイソンにほど近いソンラーで教育局の幹部となった。1955年に設置された自治区でもそのまま教育局幹部を務め、この時期に黒タイ文字の文書の蒐集と解読に精力的に取り組んだ。1958から1962年には現在のハノイ師範大学で、ダン・ギエム・ヴァンらから民族学を学んでいる。年代記『クアム・トー・ムオン』のベトナム語訳［Cầm Trọng và Cầm Quynh　1960］をハノイで処女出版したのがこの時期である。またダン・ギエム・ヴァンの黒タイ語通訳兼インフォーマントとして西北地方への調査旅行にもしばしば随行した［樫永　2009：

68-69]。卒業後はトゥアンチャウとソンラーで地方幹部を務めた。

カム・チョンによると、1950年代から1975年にかけて、西北地方の道という道、村という村を徒歩で行き尽くした。各地の知識人を訪ねて歩き、古い文書解読と解釈のためにインタビューするのに多くの時間を費やしたのである。

1976年にベトナム社会主義共和国が成立して自治区が解体すると、すぐにカム・チョンはハノイにある民族学院の助手職についた。ハノイで黒タイ文書とそれまでの現地調査に基づき、研究論文と書誌を次々に精力的に発表し続けた。1997年に民族学院からベトナム民族学博物館が研究博物館として独立すると、カム・チョンはベトナム民族学博物館教授に就任し、2000年に退官した。退官後はハノイ国家大学ベトナム学研究所ベトナム・タイ学プログラム（Chương trình Thái học Việt Nam）の主任に就任し[10]、ベトナムにおけるタイ語系諸民族の社会と文化全般に関する研究者組織の長として、北部各地の郷土史家間の研究ネットワーク作りと後進の育成につとめた。2000年には『ベトナム西北地方のターイ』［Cầm Trọng 1978］をはじめとする一連の研究によって国家表彰を受け、名実ともにベトナムにおけるターイ研究の第一人者となったが、2007年12月ハノイで永眠した［樫永　2011：20-25］。

筆者は、1997年4月にカム・チョンにはじめて会った。以来、彼とそのご家族には没後も公私ともにお世話になっている。1999年以降ハノイに滞在する期間はほぼ毎日、各種黒タイ文書を読む訓練を受けた。その一書が『ソン・チュー・ソン・サオ』である。ときに詩情によるのか、私情によるのか、涙ぐみさえしながら歌の心を必死に伝えようとしていた彼の姿が、今では懐かしく偲ばれる。

なお訳文中の22の章立ては、筆者が物語の筋に沿った理解に基づいて独自に付したものである。唱歌する際の継ぎ目とはかならずしも一致していない。

注

1 「2.『ソン・チュー・ソン・サオ』について」の記述は、［樫永　2007］を加筆修正したものである。

2 なお中国にも約1万人居住し、傣《タイ》族の一部として分類されている。

3 タイ国を中心とするタイ語系民族の研究者は「ムアン」と仮名表記し、また東南アジアの前近代的政治体系の一類系を示す術語としても「ムアン」が一般的である。本書ではベトナム語、黒タイ語から日本語への翻字規則に則り、「ムオン」と表記する。付け加えれば、雲南省シップソンパンナーやミャンマー、シャン州のタイ系民族、ベトナム、ライチャウ省の白タイやルーの発音体系では二重母音が短母音化するため、「ムン」として仮名表記される。

4 この南部グループを最近では「赤タイ」と呼ぶ向きもある。ラオス側にもその分布がひろがっていて、ラオス側では赤タイとして20世紀以前から自他称されてきたからである。

5 ここではチューを恋人と訳しているが、チューに関しては「5講」参照。

6 現在どこにあたるのか、筆者はまだ確認できていない。

7 コレクション「Les Manuscrits Thai［souvent écrits Tai ou Tay］de l'ancienne Indochine-Française」中の分類番号「Mss Thai 343」など。

8 ただし、これはクオックグー表記黒タイ語から黒タイ文字に翻字したものらしい。綴りの間違いが散見されるのは、ホアン・ルオンの母語が黒タイ語ではなく、フーイエンの白タイ語であることによるのかもしれない。

9 2007年6月30日、カム・チョンから聞いた。

10 初代主任はカム・クオン、2代目がカム・チョンであった。

ソン・チュー・ソン・サオ

1　さあ、かたりましょう、これまでのことを。

2　ふるい方からあたらしい方へと、かたります。

3　かたりはじめます、むかしの空に霧となってきえたはなしから。

1、うまれた頃

4　かたりはじめましょう、わたしら二人が、母の右のはらにやどったときから。

5　左のはらにやどったときから。

6　二人のかけがえのない母たちが、

7　くちにしたいのは、酢漬けの魚[1]。

8　母は身ごもり、子は月二つ、

9　くちにしたいのは、すっぱいタマリンド[2]の実。

10　母は身ごもり、子は月三つ、

11　くちにしたいのは、すっぱいタナゴ[3]。

12　母は身ごもり、子は月四つ、

13　くちにしたいのは、すっぱいニゴイ[4]。

14　母は身ごもり、子は月五つ、

15　くちにしたいのは、すっぱいアオウオ[5]。

16　母は身ごもり、子は月六つ、

17　くちにしたいのは、すっぱいソウギョ[6]。

18　母は身ごもり、子は月七つ、

19　くちにしたいのは、すっぱいヤマベ[7]。

20　母は身ごもり、子は月八つ、

21　くちにしたいのは、すっぱいパウ[8]。

22　母は身ごもり、子は月九つ、

23　十の月がくるとすぐ[9]、

24　月が九つすぎていればこそ、まちこがれている。

1　塩やトウガラシなどにつけ込んだ魚。

2　【☞動植物名】
西北地方ではイエンチャウ（ムオン・ヴァット）が有名。

3　【☞動植物名】

4　【☞動植物名】

5　【☞動植物名】

6　【☞動植物名】

7　【☞動植物名】

8　【☞動植物名】

9　黒タイのあいだで、赤ん坊は9ヶ月と10日で生まれるという。

本書でいう「ニゴイ」
（イエンバイ省ムーカンチャイ県　二〇〇六年）

25　月が十になって、わたしら二人は食べはじめ、
26　月が九つたっていればこそ、乳をのむ[10]。
27　うつぶせのおとこの稚児、
28　あおむけのおんなの稚児の愛くるしさ。
29　三月《みつき》、うらがえしの籐椅子のなか[11]、
30　六月《むつき》もたてば、すわってもおとなしい。
31　ゆりかごをかたむけ、身をよじって泣く。
32　布団にひとり、身をよじって泣く。
33　母が首をささえ、おぶってニワトリにエサをまく[12]。
34　首の後ろをまっすぐにして、母はブタにエサをまく。
35　母の親族が首をささえながら[13]、食事をさせる。
36　母にぴったりくっついて、桑の葉をつみにいく[14]。
37　はらばいだしたら、はしごからおちないかと、はらはらし、
38　はいはいしだしたら、窓からおちないかと、はらはらし、
39　あるきだしたら、スイギュウにぶつからないか

10　懐妊から９ヶ月と10日で生まれ落ち、すぐにものを食べ、乳を飲み始める。

11　しばしばひっくり返した丸い籐椅子に座布団を敷き、乳飲み子をその中に入れてすわらせる。

12　おんぶひもの縁で赤ん坊の首が反り返らないように支え、おぶったまま母が、ニワトリやブタに腰を曲げてエサをやっている。

13　【☞1講】

14　養蚕のために桑の葉とりに行く。だいたい３、４歳頃のようすか。

おんぶひも（ギアロ　二〇〇〇年）

と、はらはらする。

2、おさなかった頃

40　わたしら二人、まだ子どもで、似たり寄ったりだった頃のことを語りましょう。

41　まだ小さいけれど、ぷよぷよした感じがなくなってきた頃のこと。

42　ひとりにされると、母を恋うて泣く。

43　スイギュウをつなぐ柱に、よりかかって泣く。

44　ウリ[15]を子どもにみたて、おんぶして、

45　柱から柱につるをめぐらせ機《はた》にみたて、

46　機がぐらぐらだと母をよびつけ小言いう[16]。

47　わたしら二人は、あぜを掘り、土を盛る[17]。

48　あるいは葦穂[18]にまたがり[19]、いったり来たり。

49　泣くと母によりそい、眠りにつく。

50　幼い頃、わたしら二人はたらいの魚で遊んだものだ[20]。

15　【☞動植物名】

16　機織りのままごと遊びをしていて、母親役をしかるのである。

17　農作業のままごとをしている。

18　【☞動植物名】

19　日本古代の竹馬遊びのように、葦穂にまたがって遊ぶ。

20　元気のいい魚が捕れると、たらいに生かしておいた。子どもたちは背びれにひもをむすび、いじって遊んだ。

ビク（トゥアンザオ県 一九九八年）

51 たらいの魚におそるおそる手をのばし、
52 しっぽで左手をはたかれれば、二人して笑い、
53 右手をはたかれれば、二人して泣く。
54 黒い上着は砂でしらばみ、
55 白い上着はどろどろだ[21]。
56 鼻水までズルズルで、
57 身なりをみつめられると、こそこそ逃げていく。
58 父母が客間側[22]からしかっても、どこ吹く風、
59 台所側からしかっているのに、床の隙間から足をふみはずす。
60 棚[23]の側からしかっても、「家霊の間」[24]側からしかっても、気にもとめない。

3、おたがいを意識しはじめた頃

61 ちょっと大きくなると、よその子らは果物の房をぶらさげ、いき来しているのに、
62 わたしらはビクをぶらさげ、うろちょろしている。

21 体中どろどろにして遊ぶようす。

22 【☞6講】

23 台所の食器棚。

24 父系祖先を祀っている部屋。【☞6講】

野菜籠（トゥアンザオ県　一九九八年）

63　ねえ、おとうさん、おかあさん、
64　よその子は我慢していれば食べさせてもらえても、わたしらはただ我慢するだけ。
65　よその子は待っていれば食べられても、わたしらはただ待つだけ。
66　おとうさんとおかあさんがいう。
67　「おかあさんのかわいいあんたは、何杯分の野菜籠で大きくなったか、
68　大きくなるのに、どれだけタケノコを食べたものか。
69　よその子は、スイギュウを1万頭も殺して大きくなったのに。
70　大きくなるのに、ゾウだって10万頭も殺したではないか」[25]。
71　女子は十にして、むすめさん、
72　男子はだんだん若者らしく。
73　十三になったら、ハゼ[26]とりをして、
74　十四にもなったら、ヤニを歯に塗り[27]、むすめ

25　よその家の子らとは異なり、貧しかったので肉や魚を十分に食べられず、野菜やタケノコだけで大きくなったことを語っている。貧しければ、婚資を準備するのが難しく、結婚のチャンスも少なかった。

26　【☞動植物名】
竹籠を使ってハゼとりをして遊ぶ。

27　女性は13歳くらいからお歯黒をする。

細流をせき止め、ハゼとりに興じる子どもたち（ギアロ　二〇〇六年）

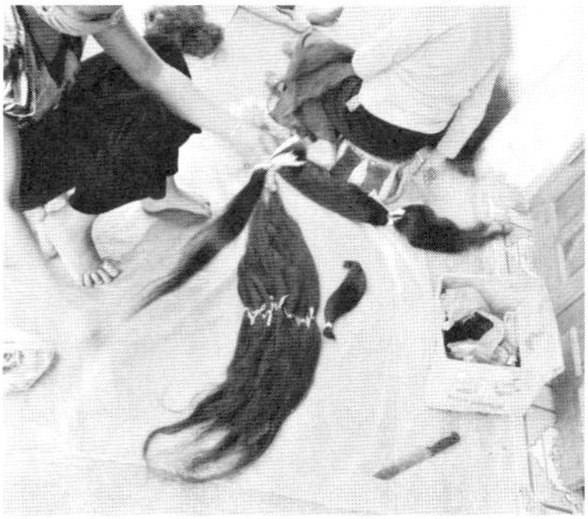

髷に結い込む付け毛の束を売る（トゥアンザオ県　二〇〇九年）

の仲間いり。

75　わたしらも胸当て[28]をつけはじめる。

76　髪を切り集めて、髷をつくり[29]、

77　おしゃれして、遊興台[30]にいき、火をおこす。

78　男十三、笛をけずり、

79　十四になれば、口琴だってけずれる。

80　24も銅をけずってやっとできた口琴[31]で、

81　22も竹をけずってやっとできた、ちっちゃな笛[32]でたわむれる。

82　わたしら二人は、まるでファック・カット・ホ

28　伝統的な胸当て（*xưa hồm nỗm*）がどのようなものであったかは、カム・チョンもわからないという。

29　伸びた髪を定期的に切って、髷を結うときの付け毛の束を作っておく。

30　【☞10講】

31　【☞10講】

32　笛はマイ・パオ（*mạy páo*）というタケの一種で作る。【☞10講】

ン[33]、トン・チン・キエン[34]、

83　父母のおかげで、わたしらはおなじときに大きくなった[35]。

84　恋しあう二人はまだ小さいが、

85　ほんの幼いときからの、つのった恋心をついにうちあけた。

86　男の子は遊びにいくのに、上着を頭に巻くか、

87　肩にひっかけるかして、はしごをかけおりる[36]。

88　腕を大きくふりながら、台所側から遊びに飛び出す。

89　ぼくら二人、遊興台で顔をあわせるのに一刻をあらそう。

90　遊興台の火のそばで、恋人にことばを投げかけ、

91　語らいあって、愛をたしかめる。

92　来る日も来る日も親しくかたる。恋はふかまるばかり。

93　ぼくら二人が遊興台にいるあいだに一番鶏が鳴く。

94　夢見ごこちで家路につけば、月はかたぶき、

95　見はるかせば、盆地に垂れかかる四重の霧。

96　やおらしずくがふくらんで、露となり、雲となり、お役人のやしきの屋根をうつ。

97　恋人との語りはしっかりかみあい、

98　恋人との愛はむすびあい、

99　心は一つ、ぼくらの心をひきさくことなどできないよ。

4、幼なじみの若者の求婚

100　しかし、木を切るとき、思いもよらない方向に

33　【☞動植物名】

34　【☞動植物名】

35　収穫後の田に自然に生える草のように、二人とも立派な若者とむすめに成長して、恋しあったことを意味している。

36　精悍で活動的な若者のようす。

飼料用の草などをいれるのに用いる籠（トゥアンザオ県　一九九八年）

たおれることもある[37]。

101　木に斧をうちこんでみたら、とんでもないことがおこるかもしれない。

102　竹籠[38]を組んでも、曲げかえしがうまくいかないかも。

103　恋人とのちぎりを、天が許してくれないかも。

104　天が許してくれても、蒼穹がどうにもしてくれないかも。

105　蒼穹がどうにかしてくれても、大好きな父母が許してくれないかも。

106　曲がっていない木を、いとおしい父がへし折ってしまうかも。

107　自分が気に入らないからと、母はむすめを別の人といっしょにしてしまうかも。

108　恋こがれるのは、胸に黄色いしまがあるトロック鳥[39]、

109　胸にしましまがびっしりのキツツキ[40]、

110　胸に波うちじまのキジ[41]。

37　100 − 107 行は、もし自分たちの結婚が認めてもらえなかったらという心配するようす。

38　ここでの竹籠は *cuôi* という目の粗いもの。

39　【☞動植物名】

40　【☞動植物名】

41　【☞動植物名】
「胸に波うちじま」ということは、シマハッカンだろうか。

111　後ろにいったら、待ってとたのんでもそれっきり[42]、
112　前にいったら、戻ってとたのんでもそれっきり、
113　いくら戻ってほしくても、空のかなたへとかけあがる。
114　かわいいあの子につばさがあって、いっしょに空を飛べたらなあ。
115　龍にも気づかれず、いっしょに飛びあがり、
116　天空のすみからすみまでかけわたり、この世にもどってくるものを。
117　ぼくらは見つめあっていたいけれど、ちらりとひと目だけ。泣きたくなっちゃうよ。
118　かわいいあの子がついてきて、いっしょに家をかまえてくれればなあ。
119　でも、家はどこもかしこも空っぽだって、世間に陰口たたかれるかも[43]。
120　家はからっぽだって、世間にうわさされるかも。
121　世間の人が扉の前でごちゃごちゃうわさしたって知るものか。
122　愛しい母らは、ついにいう[44]。
123　「おまえの服をとってきて。かあさんが服占い[45]にもってったげるよ」。
124　占い[46]は告げた「2、4、1、5……」。
125　「木の実のような姫をえて、きっと家までたてられるよ。
126　むすめは若者を慕い、自分の意志をなしとげる。
127　若者は本気で恋して、自分の妻にする」。
128　若者は、まず田んぼにおりて米を作るよ。
129　川におりて魚をとるよ[47]。

42　111－116行では、もし恋人が鳥で、自分のことを受け入れてず飛び去ってしまったらどうしようという不安とは裏腹に、どこまでも追いかけていきたいという切ない恋心が歌われる。

43　結婚できても、貧しくて、みんなに馬鹿にされたらどうしようという不安。

44　父に打ち明ける前に母に相談し、根回しを頼むのである。

45　筮竹を使っての占いを意味する *mõ* の語を用いているが、服を持って行くのだから、「服占い（*dượng*）」である。なお卵に籾殻を投げかける占いは *xiểng* である。【☞3講】

46　ここでも *mõ* を用いているが、祈祷師がこぶしのでこぼこなどを見ながら奇数、偶数で占う占いだろう。モクチャウなどで盛んである。

47　結納などのために、米と魚が必要。

投網の裾の金属はかつて銅製（トゥアンザオ県 一九九八年）

130　たった３尺[48]の投網を池にうち、
131　10万目ある網で底をひく。
132　絹糸で編んだ投網はへさきから、
133　目の丸い投網、木綿で編んだ網は船の尻から。
134　運がよければ、錦鯉[49]、シソルナマズ[50]、ニゴイ[51]、
135　運わるければ、小魚のむれ。
136　じゅうぶんとれたらもって帰り、
137　大きい魚は母のところで、肉をそぎ、細切れにしてナレズシに、
138　小さい魚はいろりの火だなであぶって塩をつめる。
139　上の魚がすっかりかちかちになった頃、
140　アヒル、ニワトリもたくさん増えた頃だろうから、
141　若者はタ・ブー[52]におもむき、塩を手にいれる。
142　タ・ヘー[53]におもむき、絹を手にいれる。
143　タ・サイ[54]におもむき、ビンロウジ[55]の実を手

48 【☞6講】

49 【☞動植物名】
50 【☞動植物名】
51 【☞動植物名】

52 ソンラー省ムオンラー県(huyện Mường La)タブー社(xã Tạ Bú) にあたるダー河とブー川の合流点。

53 ソンラー省クインニャイ県(huyện Quỳnh Nhai) ムオンサイ社 (xã Mường Sại) にあるダー河の船着き場。

54 ソンラー省クインニャイ県ムオンサイ社にあるダー河の船着き場。タ・ヘーより上手にある。

55 【☞動植物名】

ムオン・サイのダー河の渡し場（ソンラー省クインニャイ県ムオンサイ社二〇〇八年）

にいれる。

144　ビンロウジの実の房がついた枝を束で買う。

145　10万枚ものキンマ[56]の葉でホー[57]をつくる。

146　それから求婚をつたえてもらい、恋人への結納[58]を交渉しにいきますよ。

147　若者は仲介人[59]を引き受けてくれる男女のところに走る。

148　導き役がいう、「ビンロウジの実は色あせていない」。

149　申し込み役の求愛のことばには曇りがない。

150　語り役がいう、「わたしたちはこれから一つ屋根のもとですからね」。

151　若者はマイ・への竹[60]をとってきてニワトリ籠[61]を編む。

152　マイ・ライ[62]をとってきて魚のホーを組む。

153　榕樹[63]の葉を切り、キンマのホーをたくさんつくって重ねる。

154　良い日、吉日、

56　【☞動植物名】

57　ホーは儀礼などの際に、贈与の小物をくるんだ包み。

58　【☞2講】

59　「求婚の仲介人（*pỏ làm xi cánh mè xẩư*）」は、必ずしも男性の親族でなくてもよい。148－150行に出てくる導き役（*phủ chàng chạư*）、申し込み役（*phủ chàng cha*）、語り役（*phủ chàng vạu*）などの役割分担がある。

60　【☞動植物名】組み物をつくる竹へぎによく用いられる。

61　【☞7講】

62　【☞動植物名】8、9月頃、ソンラーとトゥアンチャウの間の山でとれるものが特産物として有名。

63　【☞動植物名】

キンマの葉（トゥアンザオ県　一九九八年）

マイ・への竹による竹へぎ作り。各種組み物の材料となる（トゥアンザオ県　一九九八年）

155　年は往き、月は満つ[64]。
156　寸志[65]のキンマのホーを、若者はむすめに贈る。
157　寸志のビンロウジの実のホーをわたして求婚をつたえる。
158　キンマをくくりつけに訪う[66]。
159　ビンロウジの実をわたすのは、客間側でうやうやしく[67]、
160　紋切り口上述べるのに、台所側でかしこまり、
161　若者は束ねた髪を、客間のまんなかでとき垂らす。
162　つやつやした髪を、家のまんなかでとき垂らす。

64　新月から月が満ち始めるいい日取りを選ぶ。

65　求婚の贈り物には「小さい（*nọi*）」と形容詞をつける。これを「寸志の」と訳した。

66　糸に結んだキンマの葉を女性の両親が受け取ると婚約成立で、以降、その女性はほかの男性と遊んではならない。

67　求婚する男性の介添人たちが、女性の家を訪問する。

マイ・ライのタケノコ。ソンラーが有名（ソンラー　二〇〇八年）

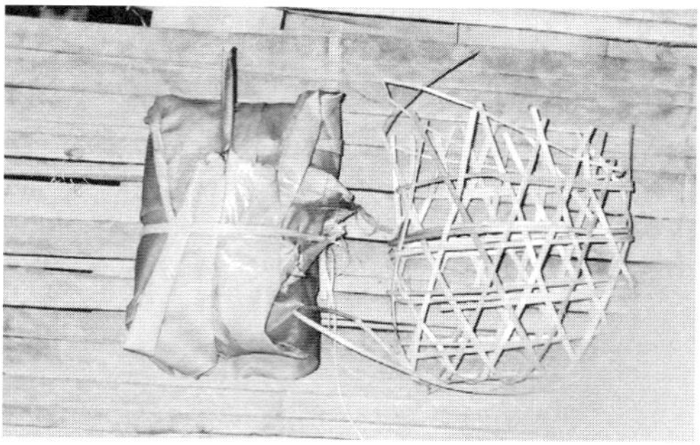

魚のホー（トゥアンザオ県　一九九七年）

163　若者は、むすめの父に跪拝すること4回、
164　むすめの父を仲介人たちもソロリソロリと拝む。
165　頼むようすは、首もとに斑点があるシャコ[68]みたい。
166　大切なむことして、客間側に寝る許しを請う。
167　けれども、寝所の上座で父はこたえない。
168　下座の母は首を縦に振らない。
169　やっとむすめの父母が重い口を開く。
170　おまえのようなやつは、
171　ダー河沿いのキンのくにから来るうすい笠[69]をかぶる価値はない。
172　おれの家の客間で投網を編む価値はない。

68 【☞動植物名】

69 「キンのくに」は紅河デルタを中心とするベトナム王朝国家のことで、うすい笠とはいわゆるノン（nón）のこと。かつて黒タイの人々にとっては、交易でしか手に入れられない貴重品であった。

ノンという笠を被って行商するキン族女性（ハノイ　二〇一一年）

173　おまえなど、母親たちのところ[70]にもどってしまえ！

174　おまえの母の親族たち[71]のところにもどってしまえ！

175　若者はどうにもこうにもしようがない。

176　どうしようもないのだよ。

177　若者はビンロウジの実のホーを左手に、

178　魚のホーは右手にさげて、はずかしいったらありゃしない。

179　母がいる家、母たちの親族のもとへもどっていった。

180　こうべをたれ、たちあがろうにも涙つたう。

181　前にいこうにも涙あふれる。

182　涙こぼれて枕をぬらす。

183　涙は布団の底までしみこんだ。

184　若者は傷つき、来る日も来る日も泣きあかし、茫然自失していたよ。

70　ルン・ター・ナーイ・ナー（*lũng ta nãi nạ*）はルン・ター（【☞1講】）とおなじ。

71　ヴァー・チェット・チャン【☞1講】

5、よその男の求婚

185　この頃、もうひとり若者がいて、田んぼを耕し[72]、

186　川で魚をとっていた。

187　その男のとった魚は死んでいたけれど、

188　肉をそぎ、細切れにしてナレズシをつくる。

189　たくみに身を開き、まとめて壺にいれ、

190　若者はタ・ブーにおもむき、塩を手にいれる。

191　タ・ヘーにおもむき、絹を手にいれる。

192　タ・サイにもむき、ビンロウジの実を手にいれる。

193　しかし、ムオン・サイの実は枝からおちてしまっている。

194　ムオン・チャイ[73]の実は色あせて、枝から離れてしまっている。

195　実は欠け、葉は破れて、むこうまですけすけだ。

196　10万枚ものキンマの葉でホーをつくる。

197　バナナの葉を切り、ショウガのホーをつくり、

198　クズウコン[74]の葉を切り、米のホーをつくる。

199　タウ[75]の葉を切り、たばこのホーをつくる[76]。

200　良い日、吉日、

201　年は往き、月は満つ。

202　天の下をおさめるもの[77]が婚礼するのはその日ですよ。

203　寸志のキンマのホーを、若者はむすめに贈る。

204　寸志のビンロウジの実のホーをわたして求婚をつたえる。

205　キンマをくくりつけに訪う。

206　ビンロウジの実は客間側から、ぽいとわたし、

72　ここからもう一人別の求婚者が登場する。金持ちだとうわさされる、よその村の役人の息子である。むすめと幼なじみの恋人とは異なり、求婚の儀は、形だけ慣習にしたがって、実際はぞんざい。

73　ソンラー省ソンラー県ムオンチャイ社（xã Mường Trai）。

74　【☞動植物名】

75　葉が厚く、苗や塩を運ぶ籠の目をつめるのによく用いる。木の葉で包むことは、葬式のとき以外ない［Nguyễn Khôi (biên soạn) 2000: 89］。

76　197－199行は、いずれも手抜きのホーである。

77　*chẩu phen phựn*とは直訳すると「世界の主」、具体的にはアン・ニャー（*án nhã*）とよばれるくにの首領のことであるが、ここでは「長老会」の役職者のこと。

クズウコンの葉（マイソン県　二〇〇六年）

207　紋切り口上は台所側で、さっさとすます。
208　導き役は走っていき来、
209　若者は束ねた髪を客間のまんなかでとき垂らし、
210　つやつやした髪を、家のまんなかでとき垂らす。
211　この男は、本当に髪が床までとどくようないい男なのか？[78]
212　だって、たちあがると頭はつるつる、シャモ[79]のようだ。
213　この男、髪は短く、髷にならない。
214　長い髷などゆえやしない。
215　若者は、むすめの父に跪拝すること４回、
216　むすめの父を仲介人たちもソロリソロリと拝む。
217　頼むようすは、首もとに斑点があるシャコ[80]みたい。
218　大切なむことして、客間側に寝る許しを請う。
219　寝所の上座で父はこたえる。
220　下座の母は首を縦に振る。
221　ぴったりことばが一致する。

78　ここに、この歌の作者なのか第三者の感想が挿入されている。

79　【☞動植物名】
本文に *cú nai* とあるのは、二音節語の母音を入れ替えた言葉遊びで、*cay nú*。

80　【☞動植物名】

222　つづくことばも一致する。
223　とぎすまされたナイフで葉を切るような二つ返事。

6、親がきめた結婚

224　むすめの父母はさっさと受けいれ、母は畑にいったきり戻らない。
225　母は田んぼに出たきりなかなか戻らない。
226　どんどん日はおちていくよ。
227　日は傾いていくよ。
228　日は堰の水面に近づいていく。
229　日は恋しい彼の家の台所をよぎり、
230　日はマイ・ヘ[81]やマイ・ハーン[82]がしなだれているのを照りかえして、おちていく。
231　日はマイ・ホック[83]やマイ・サーンがしなだれているのを照りかえして、宵がくる。
232　日はおちた。もう日は誘ってくれないよ。
233　日は過ぎた。もう日は待ってくれないよ。
234　日は空のすきまに失せた。闇が来、光がきえた[84]。
235　むすめは鋭利な鉈をぬいて、たきぎをとる。
236　たきぎをとる。桑の木から[85]。
237　たきぎを伐る。すっかり束にし、かつぐため。
238　たきぎの山が二つできた。
239　たきぎの山が三つできた。
240　一つは母の炊事のため、
241　一つは母が酒をつくるため、
242　一つは遊興台で火に当たるため[86]、
243　あの人が火にあたって、上着を乾かせるように。

81　【☞動植物名】

82　【☞動植物名】
マイ・へ、マイ・ハーンの竹はいずれも空高く伸びて、上の方からしなだれかかる。

83　【☞動植物名】
マイ・ホック、マイ・サーンはしばしば対にされる樹幹の太い竹。前者はタケノコが食べられるが、後者は苦くて、食用に向かない。

84　日は恋人だった若者の比喩。

85　桑の木をとることは、恋人と結婚したい強い思いの比喩。

86　遊興台で上着を干して乾かしながら、少年少女は仲良くなる機会を得た。

マイ・ホックの竹（モクチャウ県　二〇〇七年）

244　火があれば、大好きな彼もたばこを吸える。
245　むすめがいう。
246　「帰ろう、もう家に。
247　マイ・ライ[87]の竹竿に服はかけよう。
248　マイ・ラン[88]の竹竿に上着はかけよう。
249　米を二回搗いたら皿洗い、
250　米を二回搗いたら水仕事。
251　縁の黒い敷き布団で横になり、
252　縁の赤い敷き布団で横になる。
253　おかあさんにくっついて眠りたい。
254　大好きな人､葦の根っこなんかで休んじゃだめよ。
255　大好きな彼、ファー[89]の根元なんかで休んじゃだめよ。
256　大好きな人の魂みんな、わたしのところだけに来てちょうだい」。
257　むすめは籠をさげ、たきぎをかつぐ。
258　ウリをもち、ヒョウタン[90]をもつ。
259　村に戻ると、なんだかようすがおかしい。

87　細い竹竿を家のあちこちに物干し竿としてかける。

88　【☞動植物名】

89　【☞動植物名】

90　【☞動植物名】

物干し竿などの用途に用いる竹竿がある露台（ライチャウ省ムオンライ県　二〇〇四年）

ファーとよばれる草。薄紫の花が咲く（ソンラー省モクチャウ県　二〇〇七年）

デップとよばれるさげ籠。イエンチャウを中心に、口の幅が五〇センチを越える大型のものが使用される（ソンラー省イエンチャウ県　二〇〇〇年）

260　むすめはたきぎをおきに床下に、

261　床下にたきぎを投げおろす。

262　栴檀[91]の大木でつくったはしごをバタバタのぼると、

263　ぽっちゃり可憐なむすめは、母が休むまくらもとへ、

264　鉈の鞘は家のまんなかに、

265　頭衣は大きな部屋におく。

266　洗い場[92]に天秤棒をとりに、

91　【☞動植物名】

92　【☞6講】

267　台所に水筒をとりにいく。
268　むすめはうつむき水浴びにいく。
269　素顔をさらして澄んだ淵へいく。
270　川におりてもざらざら石[93]はない。
271　水辺におりてもこする石はえられない。
272　家に戻ると優しいことばをかけてくれるいい人はいても、愛しいあの人はいない。
273　バン・ナム・トゥンの水筒[94]には水半分。
274　バン・ナム・ポンの水筒には途中まで。
275　天秤棒の片はしに水筒をかけ、右腕で棒をかついで、
276　左足さしだし、
277　右足さしだし、
278　むすめは自分の家に向かっていく。
279　むすめは水をテラスの流し場におく。
280　天秤棒を厠[95]に投げ出す。
281　むすめはいう。
282「おなかぺこぺこだよ。ふらふらで、ぶるぶるふるえているよ、おかあさん。
283　まだ、お米残ってる？
284　お昼と夕飯のお汁は残ってる？」。
285　母がこたえる。
286「ニワトリのお汁は棚の中だよ。
287　魚のお汁は棚の中だよ。
288　米びつ[96]は台所の自在鉤[97]につるしてあるよ」。
289　むすめははっとした。棚にホーがある。魚のホーだ。
290　大きいホーはニワトリのホー、
291　はすむかい同士をあわせて折ったホーはキンマ

93　水浴びするとき、適度にざらざらした石を川底から拾い、体をこすって垢を落とした。ここでは肌をふれあわせる恋人を失ったことを意味している。

94　【☞8講】

95　テラスに簀の子で覆った小便用の厠をつくる家もあった。【☞6講】

96　ここではコム・カウ（*cốm khẩu*）とよばれるおこわを食べるときの米びつ。

97　かつては囲炉裏と食器棚の間に、ものをつるす鉤（*kho pín*）をつるしいた。今は火棚からぶら下げることが多い。

蒸したおこわを丸めて入れるための米びつ、コム・カウ（トゥアンザオ県一九九八年）

旧ライチャウ市の市場。ソンダーダムの湖底に近年沈んでしまった（ムオンライ県二〇〇四年）

のホー、

292　フー[98]の葉のホーは米のホー、

293　タウ[99]の葉のホーは黄色いたばこのホー、

294　むすめがいう。

295　「ムオン・ライ[100]から誰か来たの？

296　ムオン・ソ[101]やムオン・ラ[102]からでも誰か来たの？

297　プー・チップ[103]のサーでも物売りに来たの？

298　首に入れ墨のあるサー[104]でも物々交換に来たの、おかあさん」。

98　【☞動植物名】

99　【☞動植物名】

100　ライチャウ省ムオンライ県（huyện Mường Lay）ムオンライ市（thị xã Mường Lay）。

101　ライチャウ省フォントー県フォントー市（thị trấn Phong Thổ）。

102　中国雲南省金平。ムオン・ソやムオン・ラははるか遠いところの代表。

旧ライチャウ市を中心に、ダー河沿いに広がるムオン・ライ盆地は、白タイ首領デオ家により二〇世紀半ばまで栄えていた（ムオンライ県　二〇〇四年）

ナー川沿いにあるマーンの村（ライチャウ省シンホー県　一九九七年）

299　母がこたえる。

300　「ムオン・ライから人など来ないよ。

301　ムオン・ソやムオン・ラから誰も来やしないよ。

302　プー・チップのサーも物売りには来ないし、

303　首に入れ墨のあるサーも物々交換になど来ないよ、かわいい子だね。

304　これは男の贈り物の寸志のキンマだよ。

305　寸志の実のホーは男が結納にもってきたものだよ。

103　ラオカイ省タンウエン県（huyện Than Uyên）にある山。

104　現在の民族分類におけるモン・クメール語系マーン（Mång）か。

306　キンマをわたしのかわいいおまえにくくりつけに来たんだよ。

307　おまえには夫ができるんだよ。おかあさんにわがままいうんじゃないよ。

308　おまえは結婚するんだよ。おかあさんにどんなわがままもいうんじゃないよ。

309　アヒルのいうことなんか聞くもんじゃない。

310　アヒルのいうことなんか聞いても、卵を産みっぱなしにされるだけ[105]。

311　ニワトリのいうことなんか聞いても、菜園をだめにされるだけだよ[106]。

312　男の耳ざわりのいいことなんか聞いて、私たちのところからいっちゃわないでね。

313　おせじばかりの人のいうことなんか聞くもんじゃないよ。

314　おせじなんか聞いていてもきりがない。

315　いくらおだてられたって籠はいっぱいにならないよ[107]。

316　おせじじゃない、玉のようなことばをいう人と、夫婦になるもんだよ。

317　見てみなよ。池のファック・カット・ホン[108]がみずみずしく芽吹いている。

318　小さい蝶がグルゴー[109]の太い枝にとまっているよ[110]。

319　イナゴ[111]は稲穂の首根っこにひっつかまったまま死ぬ。

320　父はだんだん弱っていく。

321　母はだんだん弱っていく。

322　わたしたちも、籠の青い野菜を食べたいもんだ。

105　黒タイの間では、アヒルの卵はニワトリに孵させ、ヒナのうちはひよこと一緒に育てる。【☞諺・慣用句】

106　【☞諺・慣用句】

107　心が満たされないとたとえ。

108　【☞動植物名】

109　【☞動植物名】

110　【☞諺・慣用句】

111　【☞動植物名】

323　はやくむこが食べさせてくれないものかね。
324　むこがニゴイが入った籠をもってきて食べさせてくれないものかね。
325　おまえは、母さんのいうことをよく考えなさいよ」。
326　そんなこんなで[112]、むすめはどうにもこうにもしようがない。
327　愁えたところでしようがない。
328　むすめは台所のテラスにバタバタ走りでて、
329　食卓の夕飯にも手をつけない。
330　好きな人のことを思うと、心がはりさけ死んでしまいそう。
331　まるで出来そこなってデコボコのろうそく[113]みたい。
332　まるで大木に抱きついた両手がまわりきらないみたい。
333　むすめは客間の方からバタバタ走りでて、
334　おじたちにうったえた。
335「なんとかしてよ、上の家にいる伯父さん、伯母さん！
336　なんとかしてよ、下の家にいる叔父さん、叔母さん！
337　塩を売りにくる中国人[114]みたいにわたしを売ろうっていうの？
338　ウマを売りにくるラオ人[115]みたいに売ろうっていうの？」。
339「わたしたちも、どうしてやることもできないよ。
340　寸志のビンロウジの実のホーを食べられるの

112　【☞諺・慣用句】

113　オオミツバチの蜜から次の手順で蜜蝋をとる。まず、蜜のついた巣をかたまりごと絞り、絞りかすを水で煮る。しみ出して浮いてきた蜜蝋を固める。この蜜蝋をとかしてべたべたの柔らかい状態にしたものを、芯に沿って手のひらですりあわせながらろうそくにするのだという。

114　ダー河沿いから来る漢族はしばしば塩を売りに来た。

115　ラオはディエンビエンフーの方から、隊商を組んでしばしばウマを売りに来た。

は、男がおいていったから。
341　寸志のビンロウジの実のホーは、男が結納にやってきたから。
342　キンマはもうくくりつけられてしまったよ。
343　塩を売りに来る中国人みたいに、だれもおまえを売ったりしないよ。
344　ウマを売りに来るラオ人みたいに、おまえを売ったりするもんか。
345　おまえを下手[116]にとつがせるのは、おまえに一家をかまえてもらうため。
346　おまえはとついで家を支えるんだよ」。
347　むすめはいう。
348　「おうちにいる大好きなお兄さん、
349　若くてかわいいお義姉《ねえ》さん！」
350　若くてかわいい義姉《あね》がいう。
351　「どうしてやることもできないよ。
352　寸志のビンロウジの実のホーをわたしが食べられるのは、男がおいていったから。
353　寸志のビンロウジの実のホーは、男が結納にやってきたから。
354　キンマはもうくくりつけられてしまったよ。
355　キジバト[117]が梢でクック鳴いているのが聞こえるだろう。
356　義妹《いもうと》よ、泣いちゃだめ。
357　マイ・ホックの竹には紙みたいな膜[118]がはるもの、
358　マイ・への竹は水筒[119]になるもの、
359　女はよめにいくものだ。
360　父がよめにやったんだから、拒んだりするん

116　上手か下手かに意味がある訳ではない。よその村の金持ちに嫁がせること。

117　【☞動植物名】
鳴く声が悲哀を帯びているとされる。

118　マイ・ホックの竹筒にもち米を詰めて蒸し焼きにすると、内側の竹筒とおこわのあいだに、紙のような薄い膜ができる。

119　バン・ナム・ティン（*bằng nặm thĩnh*）の太い水筒はマイ・への竹から作った。【☞8講】

竹筒飯をつくる（ソンラー　二〇〇八年）

おとりの野鶏でおびき寄せた野鶏猟が、東南アジア北部では民族を越えて広く分布する（ラオス、ルアンナムタ県ムアンシン）

じゃないよ。

361　野鶏[120]は自分でとまるところを選ぶもんじゃない。

362　とまるところを選びたかったら、マイ・ライの竹林[121]にでもいっちまいな。

363　そのへんの女が自分で夫を選んじゃいけないよ。

364　夫を選ぶなら、サーでも夫にするんだね[122]。

365　鉈を選ぶんなら、みねまで刃が欠けている鉈しか無理だね。

366　出ていって、あんたの恋人がばかにされたって知らないよ。

367　父さん母さんのいうことを聞きいれるのがかし

120　【☞動植物名】

121　ライ（*lày*）は、竹と「放逐する」という動詞をかけている。

122　黒タイがサーと呼ぶ異民族との婚姻はかつてはタブーだった。

苗代（トゥアンザオ県　一九九七年）

こいよ。
368　そうすればキンの国の笠をおしとやかにかぶれるよ。
369　父さん母さんのいうことを聞かなかったら、
370　葉っぱの笠をこそこそかぶって、畑を焼いているのがいいとこだよ[123]。
371　真っ赤なほっぺのおまえのいうことなんて、聞くのもわずらわしい。
372　聞くがいい、樋がわれてぽたぽた水がたれているのを[124]。
373　倒れた砂糖水がたれているのを。
374　ねえ、義妹よ。よく考えてごらん。
375　カーン・コー・カーン・コー[125]と鳥が鳴きはじめたら、すぐに苗床をつくるもの[126]。
376　おまえに夢中だって男のことばを聞いているうちに、いい時期なんてすぎちゃうよ。
377　おまえをたしなめることばを聞いて、泣かないで。

123　あいかわらず貧乏しているという意味。

124　ヨメがいうことを聞かないので、家族中が涙しているという比喩。

125　【☞動植物名】
鳴き声がそのまま鳥の名前。

126　この鳥は夏中鳴き続けるので、さえずりに耳を傾けていたら、夏がおわってしまい、田作りの準備の時期を完全に逃してしまう。春が過ぎ去

378　おまえはとついださきで、いずれ家族もできるんだよ。
379　寝床にまず大筵[127]を敷くみたいに、決まってしまったことばだよ。
380　鋭い刃物で葉っぱを切るみたいに、さっくり決まる。
381　麹の下に敷く葉を切るみたいに。
382　はっきりいおう。おとうさんはもどうしようもないんだよ」。
383　けれども、今はむすめのことなんてまるで考えていない。トノサマバッタ[128]みたいだよ。
384　頭は空っぽ、ほんとうにウマオイ[129]みたい。
385　むすめなんてどうでもいい。雨がふり、嵐が来るだけよ。
386　水は山の上まで満ち満ちて、底にとどくどころではない。
387　水は崖の上までおしせまり、泳ぐどころではない[130]。
388　そんなこんなで、むすめはどうにもこうにもしようがない。
389　愁えたところでしようがない。

らないうちに、家族をつくる準備をしなさい、と諭している［Nguyễn Khôi (biên soạn) 2000: 100］。

127　敷き布団を敷くところに、まず床に敷く大筵（*phưn xát*）。【☞6講】

128　【☞動植物名】バッタが次にどこに行くか、行き当たりばったりでしか考えないように、なにもまともに考えないたとえ。

129　【☞動植物名】

130　むすめの苦しみの表現。

7、悲嘆にくれる恋人たち

390　わたしはあいつの鉈をつかって藪を切り、
391　あいつの鉈をつかってたきぎをきろう。
392　夫に自分で田んぼの米をつくらせよう。
393　籾で穀倉[131]がいっぱいになったら、あいつをすぐに追い出そう。

131　穀倉にもいくつかタイプがある。

トウモロコシがガソリンの代替燃料のバイオエタノールの材料になるという風聞から、ベトナムでも二〇〇六年頃からトウモロコシの価格が高騰。黒タイの人々が、国道沿いにトウモロコシの穀倉を設置（イエンチャウ県　二〇〇八年）

現在のベトナムでは見ないが、かつて黒タイは高床円筒型の穀倉も作った（ラオス、フアパン県のマー河沿い　二〇一〇年）

男女とも、しばしば鉈を鞘に収め腰からさげて山にはいる（ムオンライ県　二〇〇四年）

394　籾を穀倉にほうりこんだら、あいつをすぐにいかせよう。

395　あいつの服がほころびたままでも、仕立てなおしてやるものか。

396　目がつまった織物なんかやるものか。

397　あいつの母の家からもらった布が１尋あればいい。

398　あいつの母がくれた服が１枚、放蕩するのにあればいい。

399　こんなしうちを、世間はとがめるだろう。でもかまわない。

長さ一尋ほどの竹ひごに茅を蓑綴りしたものを敷き詰めて屋根を葺く（トゥアンザオ県　一九九九年）

400　こんなことしたら、世間は黙っていないだろう。でもかまわない。
401　歯並びを気にしていたら、世間はバカにするだろう。でもかまわない。
402　きれいにお歯黒していたら[132]、世間はあれこれいうだろう。でもかまわない。
403　昼でもみんな無愛想で、話しかけてもこず、あれこれうわさする。
404　日があるときも、褒めもせず、ごちゃごちゃいうだろう。
405　もちろんむすめは見知らぬ男の妻になるしかない。
406　その男の鞘[133]みたいになるしかない。
407　一年ほど経ったなら[134]、男の縦笛なんか茅[135]のすきまに隠してしまえ。
408　筌なんか、草のあいだにさしこんでしまえ。
409　笠なんて「家霊の間」の入り口の壁にでも吊しておけばいい。

132　歯並びがいいこと（401行）、お歯黒することは、未婚女性のようにおしゃれするたとえ。

133　ここでは鉈が夫、鞘が妻のたとえ。

134　結納から花婿奉仕が始まるまでの1年。規定では、この間に「ムコの居候」期間があった。【☞2講】

135　【☞動植物名】屋根を葺いている茅。

410　トランペット[136]は窓の近くにでも吊しておけばいい。

411　夫には、鉈を鞘にさして人里離れた森の奥まで草でも刈りにいってもらおう。

412　鉈を鞘にさしたまま、山奥までいって森をひらいてもらおう[137]。

413　もちろんむこなんだから、これからちゃんと家で父の世話をしてもらうのだ。

414　むすめはどうにもこうにもしようがない。

415　愁えたところでしようがない。

416　なにもできない。死んでしまったみたいにふぬけている。

417　冶葛《やかつ》[138]でも食べて死んだみたいに、ようすがかわってしまった。

418　薄い岩をもちあげ損ないはさまれて、引きぬけないみたい。

419　岩の板をもちあげ損ないはさまれて、引きぬけないみたい。

420　右手を打って、指をはさんでしまったみたい。

421　血はたれていないけど、痛みが体にしみわたる。

422　血はおちていないけど、痛みは心にしみわたる。

423　胸のなかにある悲しみは、誰にも話せない。

424　心のなかにある悲しみは、誰にもわからない。

425　むすめは悲しみ、泣いて布団をかぶってしまう。

426　こうべをたれ、たちあがろうにも涙つたう。

427　前にいこうにも涙あふれる。

428　涙あふれる、筋二つ、

429　そして、筋三つ。

430　後ろにこぼれる一筋で、籠10万杯もの野菜が

136　縦笛（407行）、笙（408行）、笠（409行）、トランペット（410行）は、いずれも男が女の関心を買うための遊び道具。

137　411－412行は、ムコのつとめとして、ちゃんと焼き畑の開拓をしてもらう意味。

138　【☞動植物名】
猛毒。

先に長筌が設置された簗（ムオンライ県　二〇〇四年）

洗える。
431　前にこぼれる一筋で、菜園10万個分の野菜が洗える。
432　恋しいのは、白い点をちりばめたネギみたいにすらりと伸びた手の指だよ。
433　巻いたキンマの葉みたいに、あるいは簗《やな》の下の白波みたいに、目尻の線のなまめかしさ。
434　あの若者はむすめを愛し、ちぎりを交わす。
435　男は糠をついばむヒヨコのようになに心なく生きている。
436　いまでも心はぴったり一つのままよ。
437　まるでほかほかの米を握ってマン[139]の芽を包むよう。
438　一つ食べたらまた一つ、マンの芽はつんつんつきだしている。
439　むすめと家をつくれたらなあ。
440　それにしても、妻をあらそったあいつの長筌[140]が流れてしまったらいいのに。
441　妻をあらそったあいつの筌がなくなってしまっ

139　【☞動植物名】

140　簗の先に仕掛ける長い筌（*xỏn*）。

筌（ムオンライ県　二〇〇四年）

たらいいのに。

442　妻をあらそったあいつが結納してしまったけれど、やり直しになったらいいのに。

443　そんなこんなでどうにもこうにもしようがない。

444　愁えたところでしようがない。

445　一つの投網に頭が二つあってもうまく投げられない。

446　せっかく忍び寄ったのに、モロコ[141]はくるりと身をひるがえす。投網は丸く広がらない。

447　ひとりぼっちだよ。こんなに次から次へと考えてしまうものなのか？

448　ひとりぼっちだよ。いくら考えてもきりがない。

449　ひとりぼっちだよ。いくら考えても堂々めぐり。

450　指先から反対側の脇までくらいやっと考えたけれど、反対の指先まではとどいていない。

451　米倉を大きくして、お米を腹いっぱい食べたいものだ。

452　垣根を広げて、大きな菜園から摘んで食べたいものだ。

453　けれども本当は、もうあの子はよそへいってしまいそう。

141　【☞動植物名】
祖先にお供えするため、この魚は囲炉裏の火棚でたやさず燻製にしていた。なお、「小魚」と記されている異本もある。

454　これが恋人同士の男と女、

455　まるで岩山のてっぺんに咲く紅《くれない》がかった花みたい、

456　男がどんなに手をのばしてもとどきはしない。

457　思いっきり伸ばした腕が、テナガザル[142]くらい長ければいいのに。

458　悲しいよ、ヒキガエル[143]くらいの短さしかない。

459　ああ、龍くらいなんでも決められて[144]、

460　天くらい力が無限で、

461　マイン・トン[145]くらい勇敢だったらなあ。

462　そんなだったら、なんとかして谷間の木をとって植えるのに、

463　なんとかして森の木をとり村に植えるのに、

464　なんとかしてほおに紅さすあの子をよんで家をきずくのに。

465　こんなこと、男がいくら考えたってどうしようもない。

466　こんなこと、いくら思ったってどうしようもない。やるかたもない。

467　もし黄色い筋があるセミ[146]みたいに羽があったら、

468　天霊[147]に会えるように飛んでいくのに[148]。

469　そんなこんなでどうにもこうにもしようがない。

470　愁えたところでしようがない。

471　一方、婚約した男のビンロウジは虫食いで欠けていた。

472　バーンの葉[149]に包まれていたのは山ショウガ[150]だった。

473　役人になって、むすめの父母はありがたがった。

142　【☞動植物名】

143　【☞動植物名】

144　龍が天気や天候を決めたとされる。

145　【☞ 12 講】

146　【☞動植物名】
黄色い筋のあるセミは、陽暦3月頃に鳴きはじめる。このセミは、天上世界まで飛んでいけると信じられていた。

147　ネン・サーイ・ラー［別名テーン・チャーン・テーン・ブン］を天霊と訳した。
【☞ 5 講】

148　蝉になって天霊に会いに行き、誰と夫婦になるか運命を決め直してもらう。

149　【☞動植物名】
臭いは焦げ臭く、この葉にくるんでもおいしくない。

150　【☞動植物名】
苦くて食べられない。

474　恋人のはちゃんと房になり、束になっていた。

475　キンマの葉、10万枚もいれたホーをつくっていた。

476　なのに、婚約した男がお役人になると、むすめの父母は捨ててしまった。

477　恋する若者の父と母はいう。

478　「よそのくにのタマリンドモドキ[151]の実は熟しているが、枝に隠れている。

479　村タマリンド[152]の実は熟しているが、しなだれた枝の上にある[153]。

480　あの子だけは、よめにしようにもゾウくら高価だ。

481　残念だけど、ゾウくらい高価なら、おまえは値が下がるのを待つしかない。

482　残念だけど、スイギュウくらいの値なら、なんとかかき集められるものを」。

483　どうやら若者はたくわえ少なく、十分なんてものではない。

484　そんなこんなで、定めと定めが競いあうまでもない。

485　幸運と幸運が競いあうまでもない。

486　ふにゃふにゃの木が、ほかの木とあらそっても折れるだけだよ、おまえさん。

487　森にある木の実じゃないから、勝手にとっていいものではない。

488　山菜[154]ではないから、とりあいできるものではない。

489　むすめを手にいれるお金[155]はなく、とついでしまったものはもうあらそえないのだよ。

151　【☞動植物名】

152　【☞動植物名】

153　478－479行は、恋人との結婚には手が届かなかったことを示す。

154　カム・チョンによると、かつて黒タイはかなりの野生植物を食していて、1950年代に調べたところ100種以上にのぼったという。

155　夫方が妻方に払う婚資（*ngỡn chờng kĩnh*）。【☞2講】

490　愛しあうぼくら二人、どうしたら報いてもらえるのか？
491　いずれ病でもわずらって、やっと手をにぎりあえるのだろう[156]。

156　大病を患って瀕死にでもならない限り、夫婦になることを認めてくれそうにない、という絶望的状況。

8、村を出ていく若者

492　さあ、あわれな若者はどこぞへいってしまうこと[157]にした。
493　悲しみ深く、川に棹さし、帆を張って、さあいこう。
494　かばんをさげ、家を出て、ものをひさぎにいくことに。
495　ひさいで、ラオの鉄[158]を手にいれる。
496　ひさいで、掘り棒の鉄を売る。
497　なじみになって、プオン[159]の鉄を手にいれる。
498　鉄は選んでこそ。プオンの鉄が鋼の刃になる。
499　掘り棒は選んでこそ。カー・ホーの掘り棒[160]をラオが売る。
500　若者はまもなくムオン・トン・テン・コン・ファー・バン[161]に、
501　ムオン・トン・タン・コン・ファー・ザーン[162]に、
502　ムオン・ケップ・ケー・トゥー・クップ・トン・ラーン[163]にいく。
503　天が扉を開けて下界を見下ろしているかもしれない。
504　窓を開けて見下ろしているかもしれない。
505　若者は銀たった1バックから、ウマを40万頭も手にいれるかも、

157　【☞諺・慣用句】

158　ラオス、シエンクワン県のジャール平原にあるムアンプアン（Muang Phuan）の鉄が有名だった。

159　ラオスのムアンプアン。

160　ムアンプアンの掘り棒はカー・ホー（*lủa kha hỏ*）とよばれ、刃が巧みに柄を挟みこんで固定され、通常の掘り棒（*lủa kha ả*）と区別された。

161　場所不明。

162　場所不明。

163　場所不明。

506　欠けた鉈から、スイギュウを40万頭も手にいれるかもしれない。

507　大好きなあの子の運が、これからどんどん上向いてくれればいいけど、どうだろう。

508　若者はまもなく家を出る。その吉日をさがす。

509　若者は「辛の日」[164]にきめた。

164　【☞4講】

510　ニワトリが床下で騒いだから、若者は引き返した。

511　若者は引き返し、日を選びなおし、「壬の日」にした。

512　家の境の扉で膝を打ちつけたから、若者は引き返した。

513　若者は引き返し、日を選びなおし、「癸の日」にした。

514　「癸の日」はウコン[165]の茂みにズボンの裾をとられたから、若者は引き返した。

165　【☞動植物名】

515　若者は引き返し、日を選びなおし、「甲の日」にした。

516　とうとう鉈をさげ、かばんをさげて、若者はものをひさぎにでていった。

517　見ると、ジャコウネコ[166]が呪術師[167]みたいに歌っている。

166　【☞動植物名】

167　【☞3講】

518　バンケン[168]は、手杵で米を搗いているのを知っているみたい。

168　【☞動植物名】

519　黒フクロウが、森の奥で鳴いている。

520　カム・カー[169]が森で鳴いてお供する。

169　【☞動植物名】トビトカゲなのか、ベトナム語名 chim chót bóp という鳥か不明だが、夜、雌雄が鳴き交わすのを、若い男女のよびかけ合いにたとえる。

521　たしかに、天が扉を開けて下界を見下ろしている。

522　窓を開けて見下ろしている。

523　銀1バックだけから，ウマを40万頭も手にいれた。

524　欠けた銑から、スイギュウを40万頭も手にいれた。

525　大好きなあの子の運は、ますます上向きだろう。

526　しあわせが、ますますまいこむだろう。

527　スイギュウは前になり、後ろになり、そして若者がそのあとに。

528　ウマにまたがれば、ウマがぼつぼつついて来る[170]。

529　ほら、山また山がうねうねとつらなっている。

530　幾筋ものせせらぎが、いわおに白波をたてている。

531　目の下が腫れてむくんでいるのは泣いているから。

532　悲しいかな、昔のあの子を想ってなつかしむ。

533　森からトラ[171]、ヒョウ[172]の恐ろしいうなり声が聞こえる。

534　カム・カーが森で鳴いてお供する。

535　男はいてもたってもいられない。田んぼをつくる時期を逃してしまったかのように。

536　今日種をまき、明日植えかえ、あさって田に植えるかのよう。

537　心しずめて、一つ心のあの子を恋うて、

538　大木が枝をからませあっている森にはいったあとは、あの子のところに戻ってきたよ。

539　戻ると、むすめは台所側のテラスの間口でぼんやりと、

540　唐臼の杵の端を見つめている。

170　若者は商売で財産を築いて戻ってきた。

171　【☞動植物名】

172　【☞動植物名】

蒸したハナミョウガの新芽（ソンラー　二〇〇八年）

床下の唐臼（トゥアンザオ県　一九九八年）

541　むすめは男の帰りを待ち、ながめ暮らしている。

542　若者は信じていた。菜園のショウガは大きくなり、すでに根はかたまっているものだと[173]。

543　村に残った恋人は、夫のところにいってしまっただろうか。

544　しかし、むすめのまっすぐな心は宙ぶらりんのまま、

545　ケチな心[174]もまるで糸のようにねじれたまま、

546　若者は遠くに出ていったけれど、むすめの心とはしっかりと結びあっているまま。

547　植えたキンマの木が菜園の垣根の上に顔を出し、

548　植えたサトイモ[175]はしなやかに、昨年よりすっとのびている。

549　二人のちぎりのことばには、ほんとうに少しも違いもなかった。

550　心がクモの糸[176]ほどもこぼれてしまわなかったみたい。

173　ショウガが育って、すでに地下に大きな塊茎もできている。

174　大きな心（*hua chaư luông*）とは素直で正直で広い心で、「まっすぐな心」（554行）と訳し、逆に、小さい心（*hua chaư nọi*）とはずるくひん曲がって狭い心で、「ケチな心」と訳した。

175　【☞動植物名】トゥアンチャウのサトイモが大きく美味で有名。

176　最小のもののたとえ。

551　若者はウシをひいて、サウ･ホアの柱[177]の下に、
552　スイギュウをひいて、客間側のテラスの下に、
553　ウマをひいて、床下の１本１本の柱の下に。

9、口琴を形見において去る

554　むすめへの慕る思いをみんな言ってしまおう。
555　大好きなあの子への慕る思いをみんなうちあけるよ[178]。
556　「お元気で。
557　ずっと待っていてね。
558　そのまま何ヶ月も待っていてね。
559　森にいって砂仁[179]やハナミョウガ[180]の芽を見つけても摘みとらないでね。
560　ホックやサーンのタケノコを見つけても切ったり、土を起こしたりしないでね[181]。
561　お役人の男は、お役人のむすめに目をつけて摘みとってしまうもの。
562　官吏の男は、官吏のむすめに目をつけて話しかけるもの。
563　村の男は他の村の女に目をつけておしゃべりするもの。
564　ぼくはおまえとわかれて遠くに出ていく。
565　だれかといっしょに寝たりしないでね。
566　待っていて、ひとりで寝ていてね。
567　おまえといっしょに寝られるのを待っていてね。
568　もう、ぼくはどこか遠くに[182]ウシを売りにいく。

177　サウ・ホア（*xau hõa*）はサウ・ホン（*xau hóng*）とふつう呼ばれる。「家霊の間」と寝所の間に立つ大黒柱。【☞6講】

178　ここから若者の独白である。

179　【☞動植物名】

180　【☞動植物名】

181　559－560行は、恋人がほかの男のものにならないように祈っている。

182　「どこか遠くに行く（*pay bó đâi*）」。*bó* はラオス方面のどこか（492行参照）。*đâi* をあえて特定するなら、ホアビンダムの底に沈んだムオン・プアのことか。【☞諺、慣用句】

569　ウマを売りに、どこぞへいくのやら。ムオン・ソやムオン・ラにいくのだよ。

570　きっと雄ウシは1.5ポンで売れるだろう。

571　雄のスイギュウなら1.5ポンで売れるだろう。

572　紫の雄のウマなら4ポンぴったりで売れるだろう、きっと。

573　銀10ポンも手にはいったら、おまえを手にいれられる。

574　布500トン[183]も手にはいったら、おまえを手にいれられる。

575　ねえ、だれかの妻になったとしても、ぼくを待つ心は残しておいてね。

576　ザボン[184]の花が咲いたら、サボンの花を摘んでじっと待っていてね。

577　デイゴ[185]の花が咲いたら、デイゴの花を摘んでじっと待っていてね。

578　マー[186]の花が咲いたら、マーの花を摘んでじっと待っていてね。

579　しおれた花も、水につけると生きかえる。

580　しなびた花も、水につけると酒になる。

581　いろあせた花も、薄紅の布で包んでおけば、

582　20年たっても、薄紅のまま、

583　19の世[187]を経ても、ふっくらうるわしいよ。

584　ぼくらは愛しあっていたのだから、形見になにか贈りにいこうか[188]。

585　布を贈るのなら、ほころびていないかどうかが気になるし、

586　杼《ひ》[189]を贈るのなら、折れていないかどうかが気になる。

183　かつては布が通貨のように交換され、流通した。1トン (*ton*) ＝4チャウ (*chãu*) ＝16ヴァー (*vã*)。1ヴァーは1尋《ひろ》。【☞6講】

184　【☞動植物名】

185　【☞動植物名】

186　【☞動植物名】

187　*Pang tạo* は「首領一代」。世襲制の首領が19人変わること。

188　576－584行が、最もよく歌われ記憶されている。

189　*hưn* の訳語。狭義では杼の中にある横糸、広義では杼全体。一般的には、杼は *xuôi*。

女性の埋葬後に建てた御霊屋（トゥアンザオ県　一九九七年）

587　銀を贈るのなら、ふさわしい額なのだろうかが気になるもの。

588　銀１ポンでは、貧しいぼくには背伸びしすぎだから。

589　木地を贈るのなら、傷んでいないかどうかが気になる。

590　愛しあうもの同士の二人なので、ぼくはいかずに口琴を贈ろう。

591　子どもは泣いても、いずれふざけるもの

592　子どもは泣いても、抱っこされたら、いずれ外に出ていたずらするもの。

593　死んだら、翼がはえたウマ[190]の首や腕につかまるだけのこと。

594　空をかけのぼり、黄色い蝶[191]みたいに飛んでいく。

595　甘ったるいことばは心にしまっておいてね。でも、けっして捨てないでね。

596　ビンロウジに石灰ぬって巻きつけたきり、籠の

190「翼のあるウマ（*mạ pík*）」とは、故人の霊魂が天上に行くときに最初に乗る鳥（*tô nộc cào*）。

191　黄色い蝶は冥界とこの世を行き来できると考えられている。

御霊屋の前に立てる飾りに、天上世界に上るための「翼のあるウマ」とよばれる霊鳥の人形を置く（ソンラー博物館　二〇一一年）

なかにほうり込み、いたませないでね。
597　よそのくにたどりついても、悲しまないでね。
598　七重にまで囲まれたよそのくにでも、なんにも捨てちゃいけないよ」。
599　むすめはいう[192]。
600「村を出ていっても体には気をつけて、風邪などひかないようにね。
601　野山をこえて歩きすぎ、疲れて風邪などひかないようにね。
602　いくら商いでも、あんまり遠くにいかないでね。
603　どこか遠くで、誰かにぶあつい葉がある毒根でもいれられたらたいへん。
604　だれかに蔓[193]の毒薬を10万もこっそり茶碗にもられでもしたらたいへん。
605　商売にいったまま、いつまでも留守にしないでね。
606　早稲が実ると、母はきっと早稲を蒸す[194]。
607　年頃にちかづくと、父はわたしをとつがせるに

192　600－612は独白。

193　蔓性の植物には毒草が多いと考えられている。

194　まだ柔らかいモチ米の早稲を、稲穂から手でひきむしって取る。塩を加えて蒸し、日に干してから搗く。もう一度水に浸して蒸した料理カウ・ハーン（*khẩu hãng*）を食べる。

ちがいないよ。
608　米がなくならなければ、じきに米を処分してしまうだろう。
609　米がなくならなければ、じきに船からまきすててしまうだろう。
610　塩がなくならなければ、じきに水の上にまきすててしまうだろう。
611　７日だけの約束できっと戻ってきてね。
612　９日だけで戻ってきてね」。
613　出ていく若者は、何度も何度もふりかえる。
614　たちどまっては、うしろをふりむく。
615　旅立ってしまうと、あの子のことがどうしようもなくなつかしいよ。
616　若者はスイギュウをつれて、けわしい山をいく。
617　スイギュウをつれて山をいく。
618　ウマにまたがり、カモシカ[195]がすむけわしい山をこえていく。
619　ウシの脚を、籐[196]の枝がさえぎる。
620　スイギュウの脚を、榕樹[197]の枝がさえぎる。
621　ウマの脚を、菩提樹[198]の枝がさえぎる。
622　若者の雄のスイギュウは、体をおこして草を食めない。
623　紫の雄ウマは、体をおこしてチエン[199]の草を食めないのか。
624　若者は枝を折る。ちぎった青い枝をしいて座る。
625　峠道のてっぺんで枝を折り、筮竹で占う。
626　筮竹が告げるのは２、４。そのあとは５[200]。
627　ならば、天の精霊[201]に酒、スイギュウをささげることにしよう。

195　【☞動植物名】

196　【☞動植物名】

197　【☞動植物名】

198　【☞動植物名】

199　【☞動植物名】

200　偶数が続いたあとの奇数は幸先がよくない。

201　天の精霊(*phi then*)。テーン（*then*）は造物主。

628　母の祖霊[202]にブタをささげよう。

629　自分の祖霊[203]を酒とニワトリをつがいでささげよう。

630　あの子の魂[204]がついてきて、ウマの足あととといっしょにいるのはわかっている。

631　スイギュウの足あとといっしょにいるのは。

632　あの子は、本当に家でずっとぼくを待っていてくれるだろうか。

633　卵くらいのビンロウジ[205]の実を20に切り分け、

634　後ろに投げれば、彼女の魂魄が食べて去る[206]。

635　前に投げれば、スイギュウの足あとといる彼女の魂魄が食べて去る[207]よ。

636　むすめは家でずっと待っていてくれるんだね。

637　かわいい子、ぼくをいつまでも想っていてね。

638　そのとき、若者の雄のスイギュウは体をおこして草をはむ。

639　紫の雄ウマは、体をおこしてチエン[208]の草をはむ。

640　スイギュウは前になり、後ろになり、そして若者がそのあとに。

641　ウマにまたがれば、ウマがぽつぽつついていく。

642　ほら、山また山がうねうねとつらなっている。

643　嶺々《みねみね》のかさなりあったその先はなだらかに、

644　丘から丘もゆるやかにつづいている。

645　長いも短いも、高いも低いも、幾千もの山々がつらなっているではないか。

646　あの子と別れて、ムオン・ライへ、

647　あの子のもとから、ムオン・ソへ。

648　ほら、くねくねと道はつづら折りになっていて、

202　母方の父系親族の祖霊（*phi ta nãi*）。

203　父方の父系親族の祖霊（*phi pú chựa*）。

204　生きている人に宿っている魂のこと（*hính*）。

205　【☞動植物名】

206　人の身体の各部には80の魂魄コアン（*khoăn*）が宿っている。それぞれの魂をもてなすために前や後ろに食べ物を投げる。

207　ある人の魂魄だけがついてくるのは忌むべきなので、もてなしたあとはその人のところに返す。

208　【☞動植物名】

649　のぼりはここまでと思ったら、急降下して崖すれすれ、
650　紫がかったよどみの淵には、砂のように魚がむれている。
651　淵にはたくさんの魚がたわむれている[209]。
652　上着７枚も、襟もとが裂けて[210]しまったよ。
653　それでも、若者はスイギュウを売りにいったまま戻らない。
654　気がかりなのは、売れ残ったら、あの子の夫に陰口叩かれるのではないかってこと。
655　ウマの値がぴったり銀10ポンでなかったら。
656　スイギュウの値がぴったり布500尋でなかったら。
657　若者が出ていってすでに久しい。何日も独り寝しているよ。

１０、嫁入り支度

658　さあはじめよう、年がどんどん流れていくよ。
659　月がどんどん過ぎていくよ。
660　もう、苦タケノコ[211]が、すらりとのびて青々と芽ぶいている。
661　蚊帳[212]はむすめの父の寝床からもうすぐ分けてもらう[213]。
662　ニワトリが鳴く頃に、母はむすめの腕をむんずとひっつかみ連れていく[214]。
663　母は紫がかった包丁の刃で、スオウ[215]を刻む。
664　母はやわらかいい手で綿毛をちぎる。
665　アヒルの毛を掛け布団[216]につめ、

209　西北部の河川は魚影が濃かった。投網を禁止していたモクチャウはとくに魚が多く、1940年頃、フランス人が棒で魚をとるのをカム・チョンが見たほどだという。
210　ムオン・ライ、ムオン・ソはかつて山が深く、木の枝が通行人の服を破いた。襟元を裂く（*khát chăm cõ*）は、恋人のあいだを裂く（*khát hua cõ*）にかけている。
211　苦タケノコ（*nó khôm*）は、茹でても苦いタケノコ。むすめの苦しい胸の内を示す。
212　【☞6講】
213　花婿奉仕のはじめの数ヶ月から1年は、ムコは寝床ではなく、客間側に布団を敷いて寝た。その期間（*khươi quan*）を終えて、寝床に吊ったひとつの蚊帳の中で夫婦一緒に寝られる。
214　母が娘の手を取って、無理やりムコと同衾させた。
215　【☞動植物名】
スオウから得た紅の染料で、掛け布団、敷き布団に使う糸を染める。
216　かつて支配階層の者はアヒルの毛の上着も身につけた。アヒルの毛は臭いので、洗浄と日干しを30回もくりかえす必要があり、上着1枚に60羽のアヒルを使ったという。

苦タケノコを路上販売するコムーの人々（ムオンライ県　二〇一〇年）

666　茅穂の綿毛を敷き布団[217]につめる。
667　いい敷き布団は叔母のため、
668　いい掛け布団は妹のため、
669　装飾品は夫の姉妹たちのため。
670　父は実[218]を包んで時を選びに、
671　キンマを包んで日を見にいく。
672　選んだ日は、カウ・コンの日[219]
673　ホン・フムの日、まさにハップ・サイの日。
674　父が口にする、「ハップ・サイの日だと男の子、女の子にめぐまれる。
675　ハップ・タイの日だと、ウシ、スイギュウがどんどんふえる」[220]。
676　母が敷き布団の端と端をくっつきあわせる[221]。
677　掛け布団の端と端をむこのためにくっつきあわせる。
678　むすめはどうにもこうにもしようがない。
679　愁えたところでしようがない。
680　なにもできない。死んでしまったみたいにふぬ

217　布団などにつめる綿毛では最高級がキワタで、一般的には茅。葦が最も安物。
218　ビンロウジの実。
219　カウ・コンの日、ホン・フムの日（673行）、ハップ・サイの日（673行）、ハップ・タイの日（675行）は、日相見によるといずれも凶の日相がある。カウ・コンの日には父母やもっとも身近な人を失う。ホン・フムの日には家財を失い、ハップ・サイ、ハップ・タイの日には死ぬ目にあったり、親友が災禍に巻き込まれるとされる［Nguyễn Khôi (biên soạn) 2000: 121］。【☞4講】
220　占いでは凶と出たのだが、むすめに嘘をついて婚姻を薦める。
221　むすめとムコが寄り添って寝るように、布団をくっつきあわせる。

布団などにつめる茅穂を干す（トゥアンザオ県　二〇〇四年）

けている。

681　冶葛でも食べて死んでしまったみたいに、ようすがかわった。

682　むすめの夫はいう。

683　「一つになるよう天がはっきり決めた。

684　夫婦になることを、わたしたち二人のことを天が決めたんだよ。

685　ぼくら二人は、愛しあっているから、茅くらい敷き布団が小さくても一つになれる。

686　愛しあっているから、チャイ[222]の葉くらい掛け布団が小さくても一つになれる。

687　ならんで体を横にたてたら[223]布団をかぶって寝られるよ。

688　夫がひっぱったら、妻がはみ出る[224]。

689　二人は愛しあっているから、夫婦の外側で子どもが泣いて、凍え死んじゃうかもよ」[225]。

690　むすめの夫はいう。

691　「広い川に大簗を仕掛けるからね。

222 【☞動植物名】水辺に生え、葉は細くとがっている。

223 茅やチャイのように細い布団なので、体を横に立てないと布団からはみ出る。

224 布団が細いので、どっちかがすぐにはみ出るが、愛しあっているから問題ない。

225 夫婦をはさんで両側に寝ている子どもたちが、布団からはみ出て凍えて泣いて死んでしまうほど、夫婦が愛しあっている。

692　太い川をさえぎって魚を食べさせてあげるからね。
693　おまえのおとうさん、おかあさんのために田んぼをつくってご飯を食べさせてあげるからね」[226]。
694　むすめはどうにもこうにもしようがない。
695　愁えたところでしようがない。
696　村で声を出して泣き叫ぶこともできない。
697　真昼どき[227]に声をあげて泣き叫ぶのははずかしい。
698　泣けて泣けて、笑うことすらできないよ。
699　いや、笑ったりしたら、村の人がうわさするだろう[228]。
700　世間の人は床下近くまできて、指をさし笑うだろうよ。

１１、結婚の日

701　さあ、はじめよう。年がどんどん流れていくよ。
702　月がどんどん過ぎていくよ。
703　田んぼで６回刈りとって、
704　川の魚は７回めぐってきた[229]。
705　むすめの父母がいう。
706　「炒り早稲[230]では晩ご飯にならない。
707　炒り早稲では昼ご飯にはならない[231]。
708　むこのままでいてもらっても、よめの父母の老い先を世話できない。
709　むすめがよめになり、家をたててもらうのがいい。
710　むすめがよめになり、住まいをつくってもらう

226　夫になる男が、花婿奉仕をしっかりする決意を述べた。

227　正午頃は、労働などの活動を慎む時間帯。平民出自は正午に生まれた子を忌んだ。一方貴族出自にとってこの時間が忌み時ではなかったので、正午頃に生まれた平民出自の子は、貴族出自の家族に養子にとってもらうことがあった。

228　気が狂ったとうわさされる。

229　すでに７年経った。平民出自の男の花婿奉仕期間８年が、もうすぐ終わる。

230　陽暦９月頃、モチ米の早稲を椀にとって、塩を入れて軽く搗いて炒る。これを蓮の葉に包んだカウ・マウ（*khảu mảu*）のこと。ふつうは間食に食べる。

231　米は米でも炒り早稲は間食にしかならない。同様に、ムコのままでは妻の父母を養うのに中途半端である。

蓮の葉にくるんだ炒り早稲（ソンラー　二〇〇四年九月）

のがいいんだよ[232]、おまえ」。
711　むすめの夫は田んぼに米を作りにいく。
712　川に魚をとりにいく。
713　シソルナマズがとれたらさばき、
714　ニゴイがとれたら漬ける[233]。
715　大小のカメに何日も漬けて、ナレズシをつくる。
716　吉日そしてめでたい日。
717　年は往き、月は満つ。
718　むすめの父母がいう。
719「今年、わかい雌のアヒルを府に売りにいく年。
720　ぽっちゃりかわいい子を夫のもとに送り出す年だよ、むすめよ。
721　おまえを送るのは、1月にしよう」。
722　むすめがいう。
723「1月はなにかとしきたりがうるさい日が多い[234]。
724　粟[235]をいれると、カエデチョウ[236]が来てしまう。
725　畑にトウモロコシを植えると、赤ザル[237]がか

232　花婿奉仕の期間が済んだら独立させる。

233　塩やトウガラシに漬ける（*bong*）。

234　黒タイ暦1月は中国、ベトナムの陰暦7月。【☞4講】

235　【☞動植物名】

236　【☞動植物名】

237　【☞動植物名】

じってしまう。
726　筌をしかけると、カワウソ[238]がひっかいてしまう。
727　上りもしなけりゃ、下りもしない。
728　下りもしなけりゃ、上りもしないよ、おかあさん。
729　わかい雌のアヒル[239]を売りに府[240]にいく月ではないよ。
730　ぽっちゃりかわいい子を夫のもとに送り出す月ではないよ」。
731　むすめの母がいう。
732「おまえを送り出すのは何月ならいいんだい？
733　おまえを２月に送り出そう」。
734　むすめがいう。
735「２月だと厳しいタブーの日がある。
736　天上世界のネン[241]が栄えなかったらたいへん。
737　天界にある鋳型[242]では、長生きできる魂をつくれないよ。
738　きっと籠をさげたまま、また家に戻ってきちゃう[243]よ。
739　籠を後ろにさげて、とついでいく前みたいに母さんたちの家に戻ってしまうよ。
740　上りもしなけりゃ、下りもしない。
741　下りもしなけりゃ、上りもしないよ、おかあさん。
742　わかい雌のアヒルを府に売りにいく月ではないよ。
743　ぽっちゃりかわいい子を夫のもとに送り出す月ではないよ」。

238【☞動植物名】

239　胸に白い綿毛が見える未出産の雌のアヒル（*pết tô khương*）を売るのは、婚姻の比喩。

240　府とはベトナム阮朝の興化省（現フート一省ヴィエトチ付近）か。府は、各ムオンを統括する有力ムオンの意味でもある。カム・チョンによると、ムオン・ロ（ギアロ）、ムオン・テーン（ディエンビエン）、ムオン・ムオイ（トゥアンチャウ）、ムオン・サーン（モクチャウ）、ムオン・ラー（ソンラー）へと移り、19世紀の阮朝下で興化省に移った。

241【☞5講】

242　各人の属性、性格、運命などは、生まれる前に天界で鋳型にはめ込まれて決まる。

243　婚出したむすめが、婚出前のように、ふつうに籠（*đép*）をさげて生家に戻ってきてはならない。

744　むすめの母がいう。
745「おまえを送り出すのは何月ならいいんだい？
746　おまえを３月に送り出そう」。
747　むすめがいう。
748「３月は田んぼで野良仕事しているよ。
749　畑で野良仕事しているよ。
750　菜園で藍草[244]を切っているよ。
751　上りもしなけりゃ、下りもしない。
752　下りもしなけりゃ、上りもしないよ、おかあさん。
753　わかい雌のアヒルを府に売りにいく月ではないよ。
754　ぽっちゃりかわいい子を夫のもとに送り出す月ではないよ」。
755　むすめの母がいう。
756「おまえを送り出すのは何月ならいいんだい？
757　おまえを４月に送り出そう」。
758　むすめがいう。
759「４月は機の四本の脚がまだ傾いているよ
760　竹籠を組んでも、曲げかえしがうまくいかない。
761　夫に何を言っても、話に乗ってこないだろうよ。
762　遠くの村の人たちが陰口叩いて、わたしを見て笑うだろう。
763　上りもしなけりゃ、下りもしない。
764　下りもしなけりゃ、上りもしないよ、おかあさん。
765　わかい雌のアヒルを府に売りにいく月ではないよ。
766　ぽっちゃりかわいい子を夫のもとに送り出す月

244 【☞動植物名】
藍染め染料をつくるのである。

ではないよ」。
767　むすめの母がいう。
768「おまえを送り出すのは何月ならいいんだい？
769　おまえを５月に送り出そう」。
770　むすめがいう。
771「５月は銅鑼のおもてがしーんとしている[245]。
772　客間側では、ムオン・ソやムオン・ラの「貴族の祭室」[246]にキノコが顔を出す[247]。
773　よめは村にたち寄ったきり戻ってこない[248]。
774　上りもしなけりゃ、下りもしない。
775　下りもしなけりゃ、上りもしないよ、おかあさん。
776　わかい雌のアヒルを府に売りにいく月ではないよ。
777　ぽっちゃりかわいい子を夫のもとに送り出す月ではないよ」。
778　むすめの母がいう。
779「おまえを送り出すのは何月ならいいんだい？
780　おまえを６月に送り出そう」。
781　むすめがいう。
782「６月は、田んぼの水があっちやこっちの管から流れ出る。
783　流れる水が多すぎて、ザーザー波音をあげている。
784　水が流れ、波頭がたっている。
785　１万日もおちつきゃしない。
786　上りもしなけりゃ、下りもしない。
787　下りもしなけりゃ、上りもしないよ、おかあさん。

245　陰暦11月は米の収穫が終わって遊び楽しむ農閑期なのに、太鼓の音も鳴らず、閑散としている。

246　【☞6講】

247　村がさびれ、各家には儀礼やお供えする者もいない。

248　さびれた村のさびれた家に行ったきりもどらない。

788　わかい雌のアヒルを府に売りにいく月ではないよ。
789　ぽっちゃりかわいい子を夫のもとに送り出す月ではないよ」。
790　むすめの母がいう。
791「おまえを送り出すのは何月ならいいんだい？
792　おまえを７月に送り出そう」。
793　むすめがいう。
794「７月は雌のアヒルの何羽かが卵を産んだばかり、
795　メンドリは何羽かが、卵をかえしたばかり、
796　雌のガチョウ[249]は何羽かを下においたばかりだよ[250]。
797　トビ[251]が舞い、カラス[252]が滑空してこないかおそろしい。
798　空からすべっておりてきて、若い雌のアヒルをさらっていくのだけがね。
799　上りもしなけりゃ、下りもしない。
800　下りもしなけりゃ、上りもしないよ、おかあさん。
801　わかい雌のアヒルを府に売りにいく月ではないよ。
802　ぽっちゃりかわいい子を夫のもとに送り出す月ではないよ」。
803　むすめの母がいう。
804「おまえを送り出すのは何月ならいいんだい？
805　おまえを８月に送り出そう」。
806　むすめがいう。
807「８月は日がカンカンに照って、風がザワザワ

249　【☞動植物名】

250　卵が孵るまでは雌鳥を床下に組んだ棚に入れて保護するが、卵が孵ると家の中にダニの害が及ばないように棚から地面に下ろす。

251　【☞動植物名】

252　【☞動植物名】

吹く[253]。

808　風がざわざわ吹いて、ソム・ポン[254]が這いずる[255]。

809　かわいいむすめを送り出そうにも、風でやつれちゃうよ。

810　すっとしたむすめが、くにざかいについた頃には、疲れて歩けない。

811　捨てられた乳飲み子が、森でおぎゃあおぎゃあ泣きつづけている。

812　上りもしなけりゃ、下りもしない。

813　下りもしなけりゃ、上りもしないよ、おかあさん。

814　わかい雌のアヒルを府に売りにいく月ではないよ。

815　ぽっちゃりかわいい子を夫のもとに送り出す月ではないよ」。

816　むすめの母がいう。

817　「おまえを送り出すのは何月ならいいんだい？

818　おまえを９月に送り出そう」。

819　むすめがいう。

820　「９月は晴れてもおぼろに空がかすんで見える。

821　トラが森で恐ろしいうなり声をあげている。

822　カム・カーが森でキー・コンと鳴いている[256]。

823　上りもしなけりゃ、下りもしない。

824　下りもしなけりゃ、上りもしないよ、おかあさん。

825　わかい雌のアヒルを府に売りにいく月ではないよ。

826　ぽっちゃりかわいい子を夫のもとに送り出す月

253　陰暦２月頃、フェーン現象で西から熱風が吹く。ベトナム語で「ラオス風（gió lào）」。

254　【☞動植物名】

255　熱風と蔓性の雑草で焼き畑がだめになる。

256　ひとりきりになって寂しいさま。

ではないよ」。
827　むすめの母がいう。
828「おまえを送り出すのは何月ならいいんだい？
829　おまえを10月に送り出そう」。
830　むすめがいう。
831「10月は水が増し、濁った水があふれて出る。
832　水は崖っぷちまでせまって、泳ぐこともできない。
833　瀬と瀬がつらなりサワサワと、
834　波と波がつらなりバシャバシャと、
835　ずっとくだって、砂利の中州をつくりだす。
836　おなかが大きくなったむすめは死んで、おとこやもめをつくっても知らないよ。
837　上りもしなけりゃ、下りもしない。
838　下りもしなけりゃ、上りもしないよ、おかあさん。
839　わかい雌のアヒルを府に売りにいく月ではないよ。
840　ぽっちゃりかわいい子を夫のもとに送り出す月ではないよ」。
841　むすめの母がいう。
842「おまえを送り出すのは何月ならいいんだい？
843　おまえを11月に送り出そう」。
844　むすめがいう。
845「11月はヘット・マン[257]がターン[258]の倒木に生え、
846　ケガワタケ[259]がデイゴの倒木に生えたまま枯死している[260]。
847　姑は何を食べても好き嫌いをいい[261]、

257【☞動植物名】

258【☞動植物名】ロ姓の者たちは、この木をつかむと、手がかぶれたりするとしてタブーである。【☞諺、慣用句】

259【☞動植物名】

260　異常なようす。

261　姑が好き嫌いばかり言って、ヨメに気を遣わない。

848　舅は家財がどれだけかを数えている[262]。
849　上りもしなけりゃ、下りもしない。
850　下りもしなけりゃ、上りもしないよ、おかあさん。
851　わかい雌のアヒルを府に売りにいく月ではないよ。
852　ぽっちゃりかわいい子を夫のもとに送り出す月ではないよ」。
853　むすめの母がいう。
854　「おまえを送り出すのは何月ならいいんだい？
855　おまえを12月に送り出そう。
856　12月は、アブラナ[263]がすらりと伸びて、ゾウの尻尾みたい。
857　舅は編みかけのまま投網を放り出して[264]、わが子をむかえいれる。
858　姑は織りかけのまま機を放り出して、よめをむかえいれる。
859　おまえったら、どんなことをいって母さんのいうことを聞いてくれるつもりだい[265]。
860　良い日、吉日、
861　年は往き、月は満つ。
862　天の下をおさめるものがお前を娶るのは、まさにその日だよ。
863　その月こそ、わかい雌のアヒルを府に売りにいくとき。
864　ぽっちゃりかわいい子を夫のもとに送り出す月だよ。
865　大事な夫が米をかついで、そこの水辺まで来ているよ[266]。

262　舅は金勘定ばかりで、ヨメを無視する。

263　【☞動植物名】

264　動詞 *hạng* には、「放り出す」意味と「夫婦が別れる」意味がある。

265　これ以上どんな言い逃れも許さないことを示す。この歌の有名な泣かせどころ。

266　夫になるべき男が、婚姻の宴会のための米を運んできた。

866　ビンロウジの実をかついで家まで来ている。
867　これから結婚の大宴会だよ。
868　むこ入りの大宴会[267]だよ、おまえったら。
869　ムオン・ライで銀の装飾品を手にいれて、おまえの夫がやってきた。
870　ムオン・ソやムオン・ラの銀の装飾品を手にいれて、夫は戻ってきたんだよ」。
871　ラオの秤で10ポン、
872　キンの秤だと20ポンにもなっている。
873　ためしにこっちの秤[268]ではかってみると、ちょうど10ポン[269]。
874　辛の日に、神饌の酒二杯[270]を飲む。
875　丙の日[271]に、婚姻の酒杯をかわす。

１２、恋人の帰還

876　一方、かの若者はウシを売りながら、どこやら遠くにいた。
877　ウマを売りながら、ムオン・ソやムオン・ラの泉にいた。
878　若者の雄ウシが１ポンあまり、
879　若者の雄のスイギュウは１ポン半、
880　若者の紫の雄のウマはぴったり20ポンにもなった。
881「銀10ポンをかえることができたよ、ほら。
882　布500尋をかえることができたんだよ、ほら。」
883　３ビアの銀は銀装飾の鋳型にはめこんで、
884　４ビアの銀は二弦琴の鋳型[272]にはめこんだ。
885　かの若者が家路につくよ。

267　花婿奉仕をはじめるときの宴会がカム・キン・ノイ（*cẵm kin nọi*）（867行）で、花婿奉仕が終わって独立するときの宴会はカム・キン・ルオン（*cẵm kin luông*）（868行）。

268　秤としてはラオの秤、キン（ベトナム）の秤、黒タイの秤は同じ。

269　婚資の銀。ここでは夫たちが、10ポンの値でヨメを買ったことを意味している。

270　神饌の酒（*phãi lảu*）は、客人の母方親族の精霊をもてなすためのお供えの酒。

271　辛、丙の日は、貴族出自が祖先へのお供えをする日なので、貴族出自の者は婚礼などはタブー。平民出自なのだろう。

272　平民はひょうたんで胴を作ったが、貴族は銀で装飾した。

クズウコンの葉にくるんだ弁当のおこわと肉の燻製（トゥアンザオ県　二〇〇二年）

886　木立があれば草枕、

887　砂礫の中州があれば[273]、米を盛る[274]。

888　つむじ風がまきあげる砂はやわらかく塩みたいだよ、さあ。

889　若者は見た。頭としっぽをたがいちがいの方にむけ、火入れ後の草をはむシカの夫婦を。

890　やわらかにそろって生えた、茅の若芽を食んでいるのを。

891　若者がいう。

892　「スバルが刻印された良銃[275]、

893　毒[276]にひたした弩の矢をもってこよう」。

894　シカもうち殺されやしないかと怯えている。

895　「お願いします、領主のおにいさん[277]。

896　お願いします、やさしいお上のおにいさん[278]。

897　恋人より若い子が、あなたを待っていますよ。

898　これから年ごろになる子があなたの帰りを待っているのですよ」[279]。

899　若者は引き金を引かず、銃をおき、殺さなかった。

900　弩をおき、引き金は引かなかった。

273　水がすぐに手に入るところ。

274　旅人などを歓待し、出発するときにはおこわ、鶏肉や卵などのおかず、調味料（トウガラシ、塩など）を弁当に持たせた。

275　銃身の付け根に三つ星が刻印されていた銃。その三つ星をスバルと呼んだ。カム・チョンによると、フランス植民地化以前にイギリスからもたらされた銃。

276　ノン（*nȯng*）という木の樹液の毒（*da dăm*）。この木を倒そうとして傷口に樹液がかかっても危険だし、目に入ると失明するといわれる猛毒。カム・チョンによると、矢毒にはさらに毒蛇の毒を加えた。

901　若者はぐるりとまわって、通りすぎる。
902　尾根の上り下りのままにいく。
903　今度は見た。ヒメヤマセミ[280]のつがいが榕樹の梢で夕餉を楽しんでいるのを。
904　下の枝にいる方が、上の枝に首をまきつけ実を食べている。
905　上の枝にいる方が、下の枝にかがみこんで実を食べている。
906　若者がいう。
907　「スバルが刻印された良銃、
908　毒にひたした弩の矢をもってこよう」。
909　ヒメヤマセミもうち殺されやしないかと怯えている。
910　「お願いします、領主のおにいさん。
911　お願いします、やさしいお上のおにいさん。
912　恋人より若い子が、あなたを待っていますよ。
913　これから年ごろになる子があなたの帰りを待っているのですよ」。
914　若者は引き金を引かず、銃をおき、殺さなかった。
915　弩をおき、引き金は引かなかった。
916　若者はぐるりとまわって、通りすぎる。
917　尾根の上り下りのままにいく。
918　今度は野鶏が稲山[281]をつついているのを見た。
919　イノシシ[282]が干している稲穂[283]をたべていた。
920　若者はいう。
921　「スバルが刻印された良銃、
922　毒にひたした弩の矢をもってこよう」。
923　どちらもうち殺されやしないかと怯えている。

277　役職者などへのよびかけ（*lụk khun, lụk kun*）。

278　末子にするつもりだった子の後にできてしまった子を *lụk lũn* と呼ぶ。男性への親しみをこめた呼びかけとして、ここではこの語を用いている。

279　897－898 行は、若者の恋人がすでにヨメに行ってしまったことを意味する。

280　【☞動植物名】

281　収穫した稲穂を刈田で1日干したあと、積んで稲山を築いた。食事前にそこからとって稲穂を脱穀し、精米した。盗まれるので、今は稲山を見ることはできない。

282　【☞動植物名】

283　収穫後に干している稲穂（*khẩu biển*）。

924 「お願いします、領主のおにいさん。
925 お願いします、やさしいお上のおにいさん。
926 恋人より若い子が、あなたを待っていますよ。
927 これから年ごろになる子があなたの帰りを待っているのですよ」。
928 若者は引き金を引かず、銃をおき、殺さなかった。
929 弩をおき、引き金は引かなかった。
930 若者はぐるりとまわって、通りすぎる。
931 尾根の上り下りのままにいく。
932 ほら、山また山がうねうねつづいている。
933 幾筋ものせせらぎが、いわおに白波をたてている。
934 目の下が腫れてむくんでいるのは泣いているから。
935 高低長短の山が、幾千幾万かもわからない。
936 シカがいれば、若者がよける。
937 ヤマアラシ[284]がいれば、若者が身をかがませる。
938 ハリネズミ[285]がいれば、若者がまたぐ。
939 くさむらをザワザワと、おしわけ、おしわけ、
940 イラクサ[286]の茂みをザーザーと、おしわけ、おしわけ、
941 頭はすっぽり、波うつ草の下。
942 山をこえ、村にはいると、サーのむすめが住んでいた。
943 谷間にあるのは、精霊[287]のむすめがすむ家だった。
944 精霊のむすめがライム[288]の実をひろってなげてよこすよ[289]。
945 若者はむすめとたわむれなかった。

284 【☞動植物名】

285 【☞動植物名】

286 【☞動植物名】
紙漉きの材料にもなった。

287 サーのこと

288 【☞動植物名】

289 サーの若いむすめがからかってくる。

現地語名ノック・トゥア・ダムというチメドリ科の鳥（イエンチャウ県　二〇一一年）

946　若者はぐるりとまわって、通りすぎる。

947　尾根の上り下りのままにいく。

１３、むすめは夫の家へ

948　とうとう村長の家の窓辺[290]までやってきた。

949　あの子の家の台所があるテラスの下までやってきた。

950　聞こえてくるのは、あの子の家のにぎやかな話し声、

951　なつかしいあの子の家でさざめきたつ笑い声。

952　まるでチメドリ[291]がファーの実を食べているみたい[292]、

953　まるでピンクの花を吸うタイヨウチョウ[293]みたい、

954　まるで白く可憐で、咲いたばかりのモモ[294]の花みたい。

955　ほら、ふっくらと大きな髷を結い、首もとなま

290　村長なので、窓があるほど大きな家。

291　【☞動植物名】うるさくさえずりながら群れで実を食べる。

292　宴会の喧噪を、チメドリがエサをついばむときのけたたましさにたとえている。

293　【☞動植物名】

294　【☞動植物名】

めかしい初産後の女ではないか。

956　若者は尋ねる。

957「あそこには、ムオン・ライからの客でもいるの？

958　ムオン・ソやムオン・ラからでも客が来ているのですか、おかあさん」。

959　母がいう。

960「ムオン・ライから客なんていないよ。

961　ムオン・ソやムオン・ラからも客など来ていないよ、おまえ。

962　あれはね、５月になったら、唐臼ふんで米を搗き、

963　６月になったら、舟型の臼で米を搗くようなもの。

964　あそこはかわいい愛娘を、とつがせるのだよ」。

965　若者が出ていったとき、アブラナの芽は萌えていた。

966　今、戻ってみると、アブラナはしおれ、花もおわっていた[295]。

967　あの子は家にかしずいて、夫にもなじんで、ずいぶんたっただろう。

968　若者が出ていったとき、あの子の黒い頭衣が棹にかかったままだった。

969　今、戻ってみると、赤ん坊の上着が台所側のテラスには干されている。

970　キンマの葉がもこもこ茂っているようだけれども、ほんとうはすかすか。

971　竹の節に虫でも入ったのか、薄くなってしまっている。

295　若者が商売に出ていて、恋人の家で「花婿奉仕」があった８年の間に、すっかり変わっていた（966 − 972行）。

972　おなじ世代の者たちは、みな結婚してしまっている。

973　おかあさんの家でちょっとひとりにさせてください。お願いだから、悪くはいわないで。

974　あの子とつきあっていたときは、なんでも語った。

975　あの子とつきあっていたときは、なんでもきいた。

976　もうぼくら二人がかわしあったちぎりのことばも、村の入り口まで来たら古びていた。

977　かわしあったことばは、くにの入り口まで来たら色あせていた。

978　バナナを植えても茎が黒ずんでしまう。

979　籐を植えても茎は横に広がって生えていく。

980　あの子に語ったことも、てんでばらばらにすれちがってしまうものだろうか。

981　若者はどうにもこうにもしようがない。

982　愁えたところでしようがない。

983　まるで木をのぼるうちに、幹がたわんで頭がさかさまになってしまったみたい。

984　むかしのことはむかしのこと。

985　遠目に見える。あの子が夫のところにいってしまうよ。

986　客間の端で酒を飲みながらはなしこんでいるのが見える。

987　台所の端で荷棒をかついで待っているのが見える。

988　かわいいあの子が、叔父叔母に別れを告げている。

大筵を編んでいるところ（トゥアンザオ県　一九九九年）

989　「お元気で。上の家の伯父さん、伯母さん。
990　下の家の叔父さん、叔母さん。
991　お元気で。この家の若いおよめさん。
992　そのうちいつか、訪ねてきますよ、おかあさん。
993　お元気で。おとうさん、おかあさん。
994　どうかお大事にね。
995　風邪などひかないようにね。
996　調子がよくないときは、まずちゃんと祈祷をしてください、おかあさん。
997　よくならなかったら、たよりをくださいね。
998　お元気で。副村長の家のショウガ畑。
999　村長の家のウコン畑。
1000　お元気で。村の男の子たち、女の子たち。
1001　お元気で。四面を囲った遊興台。
1002　千回も大筵[296]を巻きつけた四つの囲いよ」。
1003　青年たちがたむろって、わいわい声を上げている。
1004　すっかりあの子も大人になって、夫婦のしとねで、母親になっちゃうよ。
1005　あの子も年をかさね、夫としとねに。

296　脱穀のときなどに敷く大筵（*pưn*）。

1006　もっと年下の少女たち、

1007　妹くらいの年ごろの少女たちが、

1008　このあいだ、おしゃれして遊興台におりていったところ。

1009「雨もふっていないのに、わたしらの遊興台をからっぽにしちゃだめよ。

1010　晴れてもおぼろに空がかすんでいるような日以外は、遊興台をほうっておいちゃだめよ。

1011　いつも遠くから若者たちが、口琴をはじきにくるようにね。

1012　きっとよ。

1013　米はすっかり倉に入ってしまった。もう刈り干す稲山には戻れない。

1014　品々[297]はすっかり夫の家にいれてしまった。もうちゃらちゃらしていられないよ。

1015　お元気で。尾びれのかたちにけずったサウ・チョン[298]の柱、

1016　ツバメ[299]のしっぽの形にけずったサウ・ホア[300]の柱[301]。

1017　茅は垂木《たるき》の先で切りそろえられている。

1018　垂木と母屋《もや》[302]もおなじ間隔でならんでいる。

1019　小さい茅をびっしり敷きつめ、屋根を葺いているよ。

1020　お元気で。貴族も平民も列になって酒を飲み、

1021　ヒョウタンの水筒[303]で、家にいる母たちはのどをうるおすよ。

1022　お元気で。織機、綿打ち具、機たち。

1023　お元気で。ウシ、スイギュウ、ウマはやわらかいらかい新芽を味わってね。

297　婚資のこと。

298　サウ・チョン（*xau chờng*）はサウ・ホン、サウ・ホアにおなじ。【☞6講】

299　【☞動植物名】

300　既出の通り、サウ・ホンのこと。

301　かつて大きな邸宅では、各柱の最上部を魚やツバメの尾の形に削り、梁はほぞ穴に通した。

302　垂木の上に棟木と平行に等間隔でわたす材。茅の蓑綴りの固定にも用いる。【☞6講】

303　清水をヒョウタンにあつめて飲んだ。喫茶の習慣は1954年以降に普及した。【☞8講】

食卓としてバナナの葉を板の上に敷き詰めた宴席
（トゥアンザオ県　二〇〇三年）

1024　お元気で。かわいらしいアヒル。かわらず卵を産んでね。
1025　かわいらしいニワトリ。かわらず鳴きつづけてね。
1026　もう白米をつかんでなげてやれないよ。
1027　糠をすくっておとしてやれないよ。
1028　お元気で。いつも米を搗いている唐臼の先っぽ、
1029　舟形の臼を搗いている杵の先っぽ。
1030　お元気で。床下にいるおなかが大きい母ブタよ。
1031　床下にいるまだらの母ブタよ。
1032　これから先、糠が目につまった籾籠で、おまえたちをよぶことはないよ。
1033　お元気で。食器棚のすみっこの、大きな葉っぱ[304]をくるんでおいておくところ。
1034　大きな食器棚には米の漬け汁[305]をおき、
1035　火棚の端にはあたたかい米、さめた米[306]をおく。
1036　竹へぎをぎゅうぎゅうにたばねると虫がつ

304　クズウコンやバナナの葉などを宴席の食卓として用いるため、くるんでおいておく。

305　もち米を蒸す前の漬け汁は、竹筒に取っておき、洗髪に用いた。

306　食べ残しの米は櫃に詰めて、火棚の端や鉤にぶら下げておく。

く[307]。

1037　竹へぎを束にしたくくりめは、チョウかクモみたい[308]。

1038　お元気で。囲炉裏[309]のうえに煙はよどみ、

1039　炉石[310]のうえに紫煙はとどこおる。

1040　大小のかめは，大小さまざまな野菜のため[311]、

1041　大きな扉はいき来するため、

1042　広い扉は出ていくため。

1043　はしごをのぼると客間があって、

1044　床下が女たちのもぐり込むところ[312]。

1045　何年も何ヶ月も顔を見あわさないでしょうね。

1046　こんなふうに、恋人と別れ、おかあさんとも別れて夫のところにいくのだよ。

1047　もうないでしょう、手伝いにくることも。

1048　朝、服をかえて出ていったと思ったら、また戻ってきたなんてことはもうないよ。

1049　お元気で。大きな菜園ではディルの葉がふさふさだよ[313]。

1050　小さな野菜の芽が葉をつけはじめている[314]。

1051　葉をつけるやいなや、摘まれて、蒸されてしまうよ[315]。

1052　お元気で。お兄さん、弟、いとこたち。

1053　下手の中国人がスイギュウを売るように、私を売ってしまうの？

1054　上手のラオがウマを売るように、私を売ってしまうの？」。

1055　すると兄がいう。

1056　「いやいやおまえを下手の漢族がスイギュウを売るように売ったりなんかしない。

307　竹を割って薄く整えた竹へぎ（tọk）を、火をうつすのに用いやすいよう束にしておくが、そこに虫がすみつく。

308　結び目がチョウやクモみたいに見えて美しい。

309　【☞6講】

310　囲炉裏の中央に五徳として組む三つの石。

311　漬け物にする。

312　床下で薪の準備をしたり、家畜の世話をするのは若い女性の役割。

313　若葉の美しいさま。

314　若芽がしっかりした葉になろうとしている。

315　女性は男性に選ばれ求婚されるのを待つもの。

1057　上手のラオがウマを売るように売ったりなんかするものか。
1058　下手にとついでいって一家をなし、
1059　上手にとついで良家[316]をきずく。
1060　よその家にとつぐのはよくなるためだよ、おまえ」。
1061　台所の端からは、荷棒をかついで待っているのが見える。
1062　かわいいあの子が、叔父叔母に別れを告げている。
1063　あの子がかぶっている黒い頭衣がぱたぱたはためいている。
1064　男のかぶっている桃色頭巾がバタバタしている。
1065　あの子についていけ、ぼくの魂魄[317]。
1066　恋人を送っていけ[318]、ぼくの影。
1067　恋人をとつぎ先[319]まで送っていけ。
1068　晴れ姿は[320]夫の家で気にいられるため。
1069　恋しくてしかたないから、あの子を村境まで送っていく。
1070　恋い慕うあの子を、むこうの家まで送っていく。
1071　しかし、大きなちぎりはフタバガキ[321]の木に誓ったもの、
1072　大きなちぎりはシナモン[322]の木に誓ったもの、
1073　あの子をそだてた母は、大きなちぎりなんて相手にもしなかった。
1074　若者はその母に２回もことわられ、
1075　３回もことわられた。
1076　若者の母は、あきらめさせようと、息子の首

316　思慮分別にとむ人たちの家（*hưỡn cạ*）。【☞諺、慣用句】

317　自分自身は恋人について行けないので、魂魄（*khoăn ngău, khoăn củ*）のみ行かせる。

318　この歌のタイトルにある「ソン・チュー（恋人を送る）」。

319　叔父を示す親族呼称aoは、ここでは夫の父系親族の意味。

320　この歌のタイトルにある「ソン・サオ（晴れ姿になる）」とは、ふつう女性が13歳になり、年頃になることをも意味するが、ここでは着飾って新郎の家に行くこと。

321　【☞動植物名】

322　【☞動植物名】

にしがみつく。
1077 「ふりはらって下りていっちゃだめだよ。
1078 ふりはらって上っていっちゃだめだよ、愛する子なんだから。
1079 あいつの鋭い切っ先が、足にでもあたったらたいへんだ。
1080 あいつの鈍い刃が、首から後頭部へとつきぬけてしまったらたいへんだよ。
1081 葉が厚い塊茎[323]を、あいつがスープの鉢にでも注いだらたいへんだ。
1082 葉の赤い蔓[324]が10万もついた塊茎を、あいつがご飯茶碗に注いだらたいへんだ。
1083 ふりはらって下りていっちゃだめだよ。
1084 ふりはらって上っていっちゃだめだよ。愛する子なんだから」。
1085 息子はこたえる。
1086 「怖がらないで、ふりはらっていったとしても大丈夫。
1087 あの子とぼくは心が一つ、ひきさくことはできないよ。
1088 だから、ぼくがふりはらっていったとしても大丈夫。
1089 あいつの刀は、小さくて軽すぎる。
1090 葉の茎を切ろうたって、おれてしまう。
1091 かさかさに乾いたスイギュウの糞をおしのけるだけで欠けてしまう。
1092 母さんの息子の刀は、キンの鋼の小刀だよ。
1093 刃は青光り、柄にむかってなめらかに弧をえがいている。

323 毒草。

324 毒草。

1094　こっちからあいつを斬りつけて、あいつと妻をとりあってやる。
1095　あの子が手にいれられないなら、一か八か、府まで戦いにいくよ。
1096　慕いあっている恋人を手にいれられないなら、一か八か、くにまで戦いにいくよ」。
1097　父母がさえぎっても、あの子はきかない。
1098　父母がどんなに言っても、むすめはききいれないよ。
1099　死んでも、たいせつな人のむねのうち、
1100　死んでも、愛する人のむねのうちにあるかぎり、
1101　死んでも、愛するものにかけて、悔いはない[325]。
1102　銀１ポン[326]かかったとしても、こぼれおちた銅１フォン[327]くらいのもの。
1103　布500[328]かかっても、ほころびた糸くらいのもの。
1104　かつての愛のちぎりは果てていない。
1105　誓いのあかしはちゃんと空にのこっている。まさかりで割って切ってとりだせる[329]。
1106　どうやって愛する者に待つことなどできよう。
1107　白い布をマンの芽にくくりつけてもいい[330]。
1108　黒い布を鉈の刃にくくりつけてもいい[331]。
1109　鉈の柄が床下におちたら[332]たきぎになるだけだ。
1110　脚が田んぼにおちたら９つのかたまりになるだけだよ。
1111　おとうさん、おかあさん、ご飯をかむとき思いだしてね[333]。

325　1109 − 1101 行　は、決死の覚悟を示す。

326　とても高価なもののたとえ。

327　とても安価なもののたとえ。

328　500 トンの意味だろう。574 行の注参照。

329　忘れがたい愛を取り返したい気持ちを示す。

330　男性が亡くなると、白い布をくくった幟を墓地の御霊屋の前に立てる。このことを白い布を「マンの芽にくくる」と表現している。死ぬ覚悟を示す。

331　墓地への葬送に従う者は、刃を布で巻いた鉈や刀を握ったまま作業を行った。悪い精霊を退散させるためのこの慣習は今はすたれた。

332　相手の男性が死んで、刀の柄が落っこちること。

333　差し違えて自分も死んだ場合を想定している。

20世紀前半まで貨幣として流通していた銅貨（ギアロ　二〇〇八年）

男性を埋葬した御霊屋の前には長い幟を立てる。長男の場合は白い幟である（ギアロ　二〇〇六年）

1112　日にあたって死ぬなんて、日向ぼっこみたいなものだよ。
1113　野山で死ぬなんて、昼寝みたいなものだよ」。
1114　そうはいっても、うそをつかないと、おかあさんがいかせてくれないだろう。
1115　本心をうちあけたら、おかあさんは腕を取って離してくれないだろう。
1116　若者がいう。
1117　「ふりはらって下りていかないよ。
1118　ふりはらって上っていかないよ、おかあさん。

1119　今はおなかぺこぺこだよ。ふらふらで、ぶるぶるふるえてもいるよ。
1120　おこわは丈夫になる薬、
1121　お粥は疲れをとる薬になる。
1122　叔母の米ひとかけらでもいい[334]。
1123　魚ひとかけらでもいい。
1124　こわくなった米、夕飯の残りをくるんだ葉でもいいよ。
1125　スバルが刻印された良銃、
1126　毒に浸した弩の矢を手に取る。
1127　ルカムモモ[335]の枝先にいるリス[336]を撃ちに、
1128　マイ・ファイ[337]の竹先にいるツバイ[338]を撃ちに、
1129　マイ・サーンの竹先にいるマメジカ[339]を撃ちに、
1130　人面子[340]の枝先にいるヤマネコ[341]を撃ちに」。
1131　こんなウソでもついて、あの子を夫の家までとりかえしにいこうか。

334　同居している叔母の残りご飯でも平らげたいほどの空腹。

335　【☞動植物名】

336　【☞動植物名】

337　【☞動植物名】

338　【☞動植物名】

339　【☞動植物名】
マメジカは木に登らないので、リスの類かもしれない。

340　【☞動植物名】

341　【☞動植物名】

１４、あきらめきれない恋心

1132　ほんの少し時間がある。
1133　あの子の夫は、天秤棒をかついで[342]棚田にいった。
1134　荷棒をかついで盆地べりにむかっていく。
1135　かわいいあの子は夫がいる家に上がってしまうよ。
1136　ふりかえり、ふりかえりして歩み、
1137　ふりむき、ふりむきして歩む[343]。

342　婚資の布団や枕などをくくった天秤棒をかついでいる。

343　おもい慕う昔の恋人を思い出している。

1138　もうほんとうにいっちゃうけれど、とにもかくにも恋しいよ。

1139　ねえ、トウガラシが茂っていたら、トウガラシ[344]の枝を折ってじっと待っていてね。

1140　ナスが茂っていたら、ナス[345]の枝を折ってじっと待ってね。

1141　治葛が茂っていたら、ぼくを思い出してね[346]。

1142　ぼくを見たら、青い枝をとってぼくにくれるだろうけど、

1143　かわいいあの子には、帰るようにいいきかせよう。

1144　好きでたまらないあの子だから、帰るようにいいきかせよう。

1145　あの子が戻らなかったら、夫が毒で殺そうとするかもしれない。

1146　あの子の夫が毒で殺そうとするかもしれない。

1147　スイギュウが池のハスを食べる。

1148　ウシがたべてしまったら、今度は金色のシカが膝まで濡らして食べる[347]。

1149　あどけなくほおに紅さしていたあの子は、もう通りすがりの人とおなじだよ[348]。

1150　あのほっそりした体を抱きしめたい。

1151　大好きなあの子を抱きすくめ、においを感じたい。

1152　火にあぶって焼いたイモ[349]の残り香は、死ぬ日までなくならない。

1153　かわりにつたえておくれ。とついでしまった木の花のようなあの子に。

1154　赤ん坊[350]に、ぼくは接吻するよ。

344　【☞動植物名】

345　【☞動植物名】

346　1139 − 1141 行のトウガラシ、野生ナス、グオンは、それぞれ辛さ、トゲ、毒で傷つける。恋人だった男の心の苦しみを示す。

347　ハスは嫁いだ女、スイギュウとウシは夫、黄金のシカは元恋人の男を示す（1147 − 1148 行）。

348　嫁いでしまったら、もはや赤の他人と同じ。

349　ここでの *mẵn* は、3人称代名詞（彼女）とイモをかけているので、ここでは「妹（いも）」と訳した。

350　花婿奉仕の間に、すでに夫との間に子どもが生まれている。

1155　ぽっちゃりしたその体[351]を、ぼくは抱くよ。
1156　遊興台で自分の子を抱きしめたい。でも病気にでもかからないだろうか[352]。
1157　かわいい自分の子を抱きしめたい。でも泣いたりしないだろうか。
1158　愛らしい体は父親ゆずりなのだろうか？
1159　愛らしい姿は父方[353]ゆずり、
1160　桃色の肌は母方ゆずり、
1161　ぽっちゃりしているのはぼくゆずりなのだろうか[354]？
1162　指をさしだせば、ぼくが指輪をはめてあげる。
1163　腕をさしだせば、ぼくが腕輪をはめてあげる。
1164　肘をさしだせば、あの子に銀１ポン以上の腕輪[355]をはめてあげるよ。
1165　もう山の木々は黄色くなって、サーンの葉はしおれておちた[356]。
1166　節の中のタケムシ[357]も蝶になってしまったよ。
1167　虫が輪になって舞っているよ。
1168　やるせない思いのまま、ぼくはとつぐあの子を見送らないといけないんだよ。
1169　空高くをヨシキリ[358]が身を翻して舞い、若者はまたもどっていくよ。
1170　地面近くをツバメが身を翻して舞い、若者はいってしまうよ[359]。
1171　お元気で。深い森、大きな山をずっといくんだね。
1172　いかだは、竹節に水がしみこみ、
1173　いかだは、竹節に水がはいるとしずむ。
1174　いかだはしずみ、そのまま川を二つも三つも

351　女性や子どもの丸みを帯び、柔らかみのある体（*kĩnh côm*）。ここでは、恋人とその子ども。

352　遊興台に赤ん坊を連れて行くのはタブー。悪霊フィー・クオン（*phi khuống*）に子どもが憑かれて、腰痛、小児麻痺、びっこなどになるのを恐れる。

353　叔父を示す親族呼称 *ao* を用いている。

354　1159 − 1161 行は、生まれた子どもが、実際の父母と元恋人３人の容姿を引きついでいることを示す。

355　高価な腕輪。

356　時の流れを示す。サーンの竹は、10 年に一度花を咲かせ、実がなって、枯れるという。

357　【☞動植物名】
タケツトガの幼虫は炒めるとおいしい。

358　【☞動植物名】

359　愛する恋人とは結ばれず、去ってしまう。

おとり籠を用いて捕らえたヨシキリ（ホアビン省マイチャウ県）

竹を束ねて組んだ筏（ギアロ　二〇〇〇年）

流れていってしまうんだよ。

1175　ぼくら二人が愛しあったのは、ほんの１日たらずだったのか。

1176　抱きあったのは、ほんの１日たらずだったのか。

1177　買わなかったものを、見つめていられるわけがない[360]。

1178　見つめていたい、水と魚のように。

1179　見つめていたい、田と米のように[361]。

1180　あの子を送ろうと思ったけれど、すぐに戻っ

360【☞諺、慣用句（489行）】

361【☞諺、慣用句】

てしまったよ。
1181　むすめがいう[362]。
1182　「あわてず、ゆっくりね。
1183　ルーの魂は星となり、ずっと空のうえで待っている[363]。
1184　雲がいびつにかさなって、じっと空にたたずんでいるよ。
1185　わたしら二人が別々の道をいったことさえ、もう覚えているかどうかもわからないよ。
1186　雨がクワン[364]の草をうちつけはじめた。
1187　森の中に、かぼそいわたしへの恋をうっちゃっていかないで。
1188　さかまく水の中に、かぼそいわたしへの思いをうっちゃっていかないで。
1189　さかまく水が、木っ端をもてあそんで、ぶつかりあわす。
1190　恋を語りあったわたしらも、離ればなれになってしまう。
1191　恋しあうわたしら二人は、葦を待ち、5月にはもどってくる[365]。
1192　水が増し、大きな魚がちらりと姿を見せる[366]のを待っている。
1193　タン・ローの鳥[367]が鳴く3月、4月を待っている。
1194　わたしら二人は夏にはいっしょになれなかった。いっしょになれるのは冬がきてから。
1195　若いときにはいっしょになれなかった。いっしょになれるのはやもめになってから。
1196　やもめに2回も3回もなると、

362　1182－1202行は、むすめの独白。

363　【☞11講】

364　【☞動植物名】

365　【☞諺、慣用句(771行)】

366　激流から逃れようとする魚の姿がちらりと見えること。

367　【☞動植物名】
3、4月頃、昼夜を問わずよく鳴く。

タン・ローの鳥（トゥアンザオ県　二〇〇〇年）

1197　やもめの首はもうしわくちゃでぐらぐら。

1198　やもめのなまめかしさは、乙女におよばない。

1199　やもめのつややかさは、むすめたちにおよばない。

1200　やもめの肌のはりは、少女におよばない。

1201　でも、あなたのいたずらなささやきになら、かたむける耳がある[368]。

1202　わたしをたいせつに思うなら、とついでいくわたしを送ってね」。

1203　「ぼくら二人は堂々とどこまでもいけばいい[369]。

1204　どこまでもいくよ。

1205　クワズイモ[370]が茂る森までくると、葉は黄ばんでいる。

1206　村の口の、ネナシカズラ[371]をいただいた木のところまでくると、

1207　まるでハスの花みたいに、花がひらくやさわさわ風にゆられているサーン[372]がやわらかい。

1208　ツバメのつがいがくっつきあって、押しあっ

368　すっかり時間はたってしまったが、愛する気持ちには変わりがない。

369　1203 − 1220 行が、恋人の若者の独白。

370　【☞動植物名】

371　【☞動植物名】

372　【☞動植物名】水辺に生える。

クワズイモの葉。刻んで残飯などと煮詰めて豚の餌にする（マイチャウ　二〇一一年）

ている。

1209　色ツバメ[373]がほら穴をちらりと見る。

1210　アイの花[374]はさわさわ流れるマー河[375]みたい。

1211　想いが絶えることがない。枕もそのままでいるよ[376]。

1212　ぼくら二人はくねくねと、

1213　どこまでも進む。

1214　峠をわけいる、どこまでも

1215　山をわけいる、とこまでも。

1216　峠の小さなマンゴー[377]の木に、スイギュウが体をすりつけている。

1217　体をすりつけ、角のながいスイギュウが、追いこし、追いこされつつやってくる。

1218　追いこし、追いこされしているのは、まるでぼくに戻れといわんばかり。でも無理だよ。

1219　あの子のことを恋いながら、ぼくは村へと送るのだよ。

1220　恋人へのささやきなしにいられないけど、家まで送るのだよ」。

373　【☞動植物名】色鮮やかなツバメの一種。

374　マック・フィーの注によると、「芦の花のように軽い花を冬のはじめに咲かせ、風ですぐに散る」［Nguyễn Khôi (biên soạn) 2000: 151］とある。カム・チョンによると、花の名ではなく、愛し合う男女の気持ちのたとえ。

375　遠く離れてしまったことを、マー河の遠さにたとえている。

376　別れた相思相愛の男女が涙に暮れ、枕につめた綿に混じっていたキワタの種子から芽が出て木に成長したという古いお話を踏まえている。

377　黒タイの間ではイエンチャウのマンゴーが有名で、５～６月頃実る実は小ぶりだが甘みがある。

１５、嫁ぎ先の家のありさま

1221　つまり、下手で有名なのはまさに舟[378]、

1222　上手で有名なのはゾウ[379]、

1223　恋人の夫はまるで大きな岩山みたいだ[380]というわさ。

1224　恋人の夫、むすめの夫の家はとにかくすごいとつたえ聞く。

1225　千木《ちぎ》はハスの葉のかたち、

1226　登り梁はツバメのしっぽのかたちして[381]、

1227　茅は垂木の先で切りそろえられている。

1228　「貴族の祭室」は広々していて、

1229　導きいれられたゾウ10頭も迷うほど、

1230　１ポンの銀の塊がそこらへんにころがっていて、

1231　柱という柱が銀で飾られている。

1232　火付けに使う竹へぎの先はとんがっていて[382]、

1233　家の柱はゾウでないとひっぱれない。

1234　家の床はゾウでないとかつげない。

1235　囲炉裏の下座側は、菜園10万個分もないといっぱいにならない。

1236　家の中をゾウが走り、

1237　家の客間側には扉が18もある。

1238　ハト[383]が20日飛んでも端までいけず、

1239　猩猩[384]が10日ぶっとおしで歩いても端までいけない、と。

1240　むすめの夫の家を見に来てみると、

1241　柱３本が芦[385]の茎で、

1242　柱４本がカヤツリグサ[386]の茎で、

378　キン族が住む紅河デルタには船が行き来している。

379　1221－1222行はキン族の地域と黒タイの地域を、「下／水／舟」と「上／山／ゾウ」という対比で語る。

380　富と権勢をほしいままにしている。

381　棟木の下で交差して屋根の外にでている登り梁（*xinh dua*）の先が、ツバメのしっぽのかたちに削ってある。
【☞６講】

382　使用人が多くて、なにもかも行き届いているさま。

383　【☞動植物名】

384　【☞動植物名】

385　【☞動植物名】

386　【☞動植物名】

1243　傾いた柱のたもとでスイギュウが泥にまみれている。

387　【☞動植物名】

1244　サクララン[387]の茂みのようでみすぼらしい。

1245　八間あるが、夫婦がやっと住めるくらいの広さだよ。

1246　ヨシキリがとまっただけでぐらぐら、

1247　ファイ[388]が屋根にとまっただけで倒れそう。

388　【☞動植物名】
ヨシキリ同様、村の周囲に多い小鳥。

1248　床下のメンドリが水を飲もうと、首をたれただけでゆれている。

1249　犬が頭を家にいれても、尻尾は外のまま、

1250　槍先を家にいれても、柄は外のまま[389]。

389　犬の全身、槍の全体が家に入らないほど小さい家。

1251　玉のようなむすめなら、どうしてこんなところにすまわせられよう。

1252　木の花のようなあの子を、どうしてこんなところに来させられよう？

1253　床をふんだら、床がぬけそうだ。

1254　大引[390]にでものっかろうものなら、たわんでいそうだ。

390　床を支えるための横架材。【☞6講】

1255　今、ネズミが窓から入りかけてやめた。

1256　破風の明かりとり[391]からは、ツバメが入りかけてやめた[392]。

391　破風板には、明かりとりや煙を逃がすためにもなる穴（*tŭr*）がある。そこからツバメが出入りして巣を作る。

392　ツバメが出入りできないほど穴が小さい。

1257　家の中で弧を描いて旋回でもしようもんなら、おっこちるに決まっている。

1258　むすめが家にあがろうものなら、カヤツリグサみたい。

1259　上座にいる義父にはうずくまって挨拶する[393]ほかない。

393　ここでは家が狭いからだが、ベトナム民主共和国に編入され社会主義化が進む以前、女性が目上の人に挨拶するときはうずくまって挨拶するのが礼にかなっていた。

1260　むすめの夫がむすめのために食事の支度をして食べさせるしかなく、

破風板には穴をうがつ。ベトナム国旗にちなんだ星形の穴も多い（トゥアンザオ県　二〇〇四年）

1261　皿２枚ともにナレズシがのっていたらいいが、

1262　見ると、食卓ばかり大きくてみすぼらしい。

1263　皿２枚とも野菜だけ。

1264　ちゃんと食べられないからいつも空腹。

1265　食べようにも、のどに引っかかって、飲みこめない。

1266　のどの奥がからからなのに無理に飲みこみ、舌がむずむずしてしまう。

1267　無理に胃に流しこめば、まるで毒を飲まされたシカみたい。

1268　華奢なあの子に、先につたえておいてあげたいよ[394]。

1269　大事なあの子にすべてつたえておきたい。

1270　夫の家のはしごの端には座らないでね。

1271　養父の椅子にはもたれないでね。

1272　同居の義兄のからだが丈夫でも、あてにしないでね。

1273　愛してもいない人に横目づかいしないでね。

394　1268 − 1298 行は、若者の独白。

1274　米を搗くとき、ブタを叱らないで。
1275　ブタにエサやるとき、ニワトリを叱らないで。
1276　子どもが泣きやまなくても、大声ださないで。
1277　子どもは死んでしまったら、どうやってももどらない。
1278　子どもが泣いたら、ゆっくりあやしてあげて。
1279　首をしっかり抱いたまま、
1280　棒で拍子をとりながら、歌でも歌ってきかせてあげてね[395]。
1281　野山にはいってもシラミ[396]をむしらないで。
1282　家に帰っても、うすい銅鍋をぼさっと見つめていないで[397]。
1283　子に乳をやりながら眠ってしまわないで[398]。
1284　忘れられないおまえ。どうか昔の恋人を忘れないでね。
1285　畑にいっても叔母の陰口をいわないで。
1286　田んぼにいっても義兄《あに》の悪口をいわないで。
1287　高い山を登っても義父《ちち》の悪口をいわないで。
1288　家では義弟《おとうと》の悪口をいわないで。
1289　台所側には義姉がいるから[399]。
1290　客間側には義兄がいるから。
1291　高いベッド[400]には義父がいるから。
1292　やつらが気を悪くすると、どんなものをわたして拝んでも許してくれない。
1293　袖の下をわたして、仲直りしようとしても受けとってくれない。
1294　ニワトリを殺しての宴会だとまるでたりない。
1295　ブタを殺しての宴会だとそっぽをむいて、
1296　ゾウを殺しての宴会でもこっちを見ようとし

395　1276－1280 行は、子どもへのしつけのあり方を示す。

396　【☞動植物名】

397　【☞諺、慣用句】

398　授乳中にうたた寝してしまい、子どもを圧迫死させてしまわないように。

399　台所側の隣家に夫の姉が住んでいる。

400　かつて貴族出自や富裕な家の主人は寝台（*chõng*）で起臥した。

ない。
1297　ねえ、肉親を亡くした悲しみ[401]とおんなじで、
1298　悲しみってどうしようもないのだよ。
1299　あるとき、ムオン・ライから客があった。
1300　ムオン・ソやムオン・ラから客があった。
1301　しかし、マイ・ライの竹で編んだアヒル籠にアヒルはいっぱいいるけど、頼んでも分けてくれない。
1302　ニワトリは籠と小屋[402]にいっぱいいるけど、殺させてくれないよ。
1303　義母《はは》の親族は、メンドリ一羽だけくれた[403]。
1304　むすめは白米をつかんでまき、
1305　お米をエサにやる。
1306　ほら、ニワトリが羽をぱたぱたさせて、つぎつぎ集まってくる。
1307　米を食いに群がって、とさかをふるわせている。
1308　むすめがつかまえると、
1309　メンドリは「カー・ザック！」と声をあげ、むすめの目からよどんだ涙[404]がこぼれる。
1310　メンドリは「カー・ゾック！」と声をあげ、むすめの目から悲痛な涙がぽろぽろおちるよ[405]。
1311　むすめは小さなニワトリの頭を棒でなぐり、
1312　ニワトリの頭を棒でこづいて殺す。
1313　それから大鍋[406]でゆで、
1314　あるいは小鍋[407]でゆでる。
1315　ニワトリの羽は、どこでむしればいい？
1316　流し[408]で羽をむしったら、あの人らが小言いいそうだ。

401　現代黒タイ語の*khó*はベトナム語khó（苦しい、困難な）の影響もあり、ひろく困難な状態を意味するが、原義は父母を亡くした悲しみを形容する。

402　【☞7講】

403　結婚のお祝いに、夫の母の父方父系親族は布、米、ニワトリ、アヒルなどの贈与すべきなのに、ニワトリ1羽だけとはケチで、しかも慣習に通じていない。

404　【☞諺、慣用句】

405　冷遇ぶりに涙を流す。

406　屋外の竈の大鍋（*mỏ cạk*）。

407　屋外の竈の小鍋（*mỏ khang*）。

408　台所側のテラスにある。

屋外に設置された竈の大鍋。豚の餌を煮るのにしばしば用いる（ギアロ　二〇〇〇年）

1317　台所で羽をむしったら、あの人らが文句いいそうだ。
1318　むすめはいそいで扉の近くで羽をむしる。
1319　人差し指で羽毛をむしり、
1320　親指で羽をむしる。
1321　菜園は羽毛だらけ、
1322　村は羽だらけ。
1323　むすめは、取っ手がたるんだマイ・ライの竹籠[409]をほうりなげ、
1324　天秤棒を水くみ場にたてかけておく。
1325　肉を切りおわったら、煮て、塩をする。
1326　ニワトリの汁がぐつぐつわいて、
1327　魚の汁がグラグラわいて、
1328　下の田んぼにガチョウがいるようすでも、
1329　家に人がたくさんいても、だれも見にいこうとはしない。
1330　よめの彼女がいそいでかけつける。
1331　よめの彼女が自分でいくしかない。

409　肉などを洗う目の粗い籠（xạ）。

1332　アヒルをまとめ、下の田んぼにぞろぞろいれて、
1333　アヒルを追って、上の田んぼにぎゅうぎゅうにいれる。
1334　田んぼのなかで、とまったりあるいたり、
1335　畦のうえで、とまったりすすんだり、
1336　低い畦、平らな田が何百あるだろうか。
1337　「家に戻るよ、アヒルたち。むれ三つとも、狐狸[410]に食べられてしまえ！」。
1338　川の上手にいったら狐狸に頭をかじられるよ。
1339　舅の姉のアヒルが戻らないからって、知ったことか。
1340　舅の義妹のアヒルが戻らないからって、知ったことか。
1341　もうお日さまがてっぺんにあるというのに、むすめは昼ご飯も食べていない。
1342　お日さまは空のまん中にあるというのに、むすめは帰ってご飯も食べていない。
1343　かわいいむすめはアヒルをつれて、田を二つも三つもよこぎり、村にもどる。
1344　四方を壁にかこまれた小屋に、むれごと入る。
1345　むすめはやわらかい腕で、扉をぴったりしめて、
1346　なにももたずに家にあがる。
1347　濡れた服を干す場所もない。
1348　上の家の台所は義姉のため、
1349　下の家の台所は義兄のため、
1350　一番高いところの家の台所は舅のための場所。
1351　服が濡れてしまったけれど、むすめは着たきりで、
1352　家にもどっても、食卓はしたくされていない。

410　【☞動植物名】および【☞諺、慣用句（1276行）】

1353　魚の汁が鍋にいっぱいのはず。
1354　むすめがもどると、家族はもう昼食をすませていた。
1355　かめないものだけ残している。家畜[411]にやるようなものだけだ。
1356　しかし、夫は汁を妻のために分けておいている。
1357　米をとり、汁の上にとりわける。
1358　汁はあるが、鉢の底にわずかだけ。
1359　エビの汁に残っているのは、二股になった尻尾の先だけ、
1360　魚の汁に残っているのは、頭と尻尾と脇腹だけ、
1361　ニワトリの汁に残っているのは、翼と足だけ、
1362　翼とはいっても、ニワトリが水浴びしてぬけた羽先だけ、
1363　足とはいっても、飼料桶[412]のまわりの糠をひっかいた爪先だけ。
1364　漬け汁にしようにも、ぶっかけられないよ。
1365　漬け汁にするのは、お役人の家[413]にことわってから、
1366　ぶっかけるのは、客が来るような家[414]にことわってから。
1367　年老いたおかあさんの、もてなしすらできない家[415]とは違うよ。
1368　大好きなおとうさん、おかあさんの家はよかったなあ。
1369　水くみ場の川下でとれたハエ[416]やヤマベがあっても、「なまぐさい」などといえたもの[417]。
1370　今なんて、むすめが野良からもどって、子に

411　ここでの「子（*lụk*）」は家畜のこと。

412　ブタの飼料桶（*đống*）。

413　夫の家族。

414　夫の家族。

415　謙遜して自分の家を、「客が来る家のすみっこ（*clọ hưỡn khék*）」というが、彼女の父母は実際に貧しい。

416　【☞動植物名】

417　おいしい魚があっても、実家だと文句をいうわがままができた。

418　【☞動植物名】

419　歯の生えていない子に、クモまで噛み与えてあげないといけないような、貧しくひどい現在の境遇。

本書での「ハエ」(トゥアンザオ県　一九九八年)

かみあたえるのがクモ[418]だったり[419]。

1371　ちゃんとよめとして受けいれられるまえ、舅はいつもあくせく動き、

1372　せかせか動いていた。

1373　よめには床下で糠を食べるようしむけておいて[420]、

1374　息子をけしかけ、棒でうたそうとさえした。

1375　しかし夫にはいくらたたこうにもたたけない。

1376　息子はなかなか打てない。

1377　息子が叩けないと、舅は風邪で寝こんで、昼食もとれないふりをした。

1378　夫はついに涙をぬぐい、床下でよめを打った。

1379　棒はびしびし両肘の上におち、背が強く打ちこまれた。

1380　よめは倒れた。ブタの声がこだまする唐臼の横で、

1381　ブタが体をこすりつけている飼料桶の横で。

1382　舅は元気で、熱などあるものか。

420　ヨメが空腹のあまり、臼のまわりに散らばっている糠を口にするのに、「それは豚の餌だ」と叱る。

1383　木の花のようなあの子のからだが泥まみれになっている。

１６、恋人の不幸な境遇を目にする若者

1384　男は思った。この子は贅沢しすぎて、たち上がるのも忘れてしまったのだろうか[421]？

1385「たち上がりなよ、さあ！

1386　たち上がって服を払いなよ。ノミ[422]がつくよ。

1387　たち上がって服をはたいて、なんとかしなよ。ホコリまみれだよ」。

1388　乱れた髪を、男は梳《す》いてやる。

1389　ほつれた髪を、男が梳いてやるのだよ。

1390　男はマイ・ヒア[423]の、根っこ近くの竹節で薬を煎じる[424]。

1391　マイ・ホックの、真ん中あたりの竹節で薬を煎じる。

1392　かわいい恋人に、スオウを煎じて飲ませる。

1393　ぐちゃぐちゃの絹糸を、ゆっくり紡いでもどしてあげる。

1394　はじけてしまった絹糸を、ゆっくり糸車に巻いてあげる。

1395　クー[425]の木でできた長い糸車の軸棒[426]にもどしてあげる。

1396　もとの恋人の妻として、２度目はもどしてやるのがいい[427]。

1397「死んで３年、あごの骨がはずれたら、ぶらさげてもっていく[428]。

1398　死んで泡となって消えたなら、その水を手で

421　元の恋人は、まさか彼女が打たれて倒れて泥まみれになっているとは思わなかった。

422　【☞動植物名】

423　【☞動植物名】

424　水に浸した打ち身の薬草竹筒にを入れ、火にあぶって蒸し焼きにして煎じる。

425　【☞動植物名】

426　【☞９講】

427　1393 − 1396 行は、愛しあっていた二人が一緒になるべきというたとえ。カム·チョンによると、事情があって結婚できなかった男女が、その後ふたりとも離婚し、再婚することは黒タイの間ではよくあったという。

428　死んで骨だけになった恋人のあごの骨を取り外し、服にぶら下げること。死んでも離れないことのたとえ。

マイ・ヒアの竹（トゥアンザオ県　一九九九年）

ヒョウタン柄杓（chong）（トゥアンザオ県　一九九九年）

すくって口すすぐ。

1399　死んで土にかえったなら、キンマの木を植え、葉をとってかむ。

1400　死んで菱[429]になったなら、池をつくってよりそおう。

1401　死んで柄杓になったなら、椀になってつれそう[430]ことに。

1402　痛み、苦しみ、血の色もなくなり死んだなら、今度こそ一つの家で一つになろう。

1403　川岸に生えた小さいウリの木[431]みたいだよ、おまえ。

1404　水があふれただけで、根っこが傾いてしまう。どうかウリを傾かせないでね[432]。

1405　ぼくら二人は愛しあい、若いルーとウア[433]のように命が尽きる。

1406　恋人に愛のちぎりをささやいたからには、もう放ってはおけないよ。

1407　まるでスイギュウ売りと、市場みたい、

429　【☞動植物名】

430　柄杓と椀はいつもセット。

431　水辺で栽培する *tanh xặng* のことで、笹のように茎が立って伸びる。

432　川の水があふれ、木が傾いても恋人がしっかり支える。

433　【☞11講】

ムオン・ムアッ中心部にある霊山「ファー・ヴィ（スバルの山）」（マイソン　二〇〇四年）

1408　まるで倉へのモミのつめこみと、1万10万の稲穂みたい。

1409　いとおしがりあって、1万も10万も重なりあって、しっかりからみあったみたい。

1410　岩山[434]よりかたいくらいに、金の鎖はきつくからみあっている。

1411　愛しあったからには、老いられるだけ老いるまで生きてから死ぬ。

1412　命が尽きる頃、幹がまるまる太ったハイン[435]の根元みたいになっている。

1413　愛しあったからには、つむじ風みたいに、さあっと動いていく。

1414　他人が悪口を言っても、耳を傾けるもんじゃない。

1415　ぼくがおまえに語っておきたいことがある。

1416　おまえに言っておきたいことがある。

1417　誕生日には、森に入らないで[436]。

1418　お供えの日には、魚をすくわないで[437]。

434　*lạn* はふつう崖の意味だが、ここでは岩山（*pha lạn*）。ちなみにマイソンではファー・ヴィー（*pha vĩ*）、トゥアンチャウではファー・ルオン（*pha luỗng*）の岩山が有名。

435　【☞動植物名】

436　一般的に薪とりは女性の役割だが、誕生日の十干の日に森に入るのはタブー。

437　一般的に魚をすくうのも女性の役割だが、十干で決まっているお供えの日にはタブー。

水路でとったカニ（竹へぎで棒状に編んだもの）とタニシ（左の器）を売る子どもたち（トゥアンザオ県　一九九八年）

1419　遊興台あたりに転がっている木をひろって[438]、火にくべないで。
1420　藍草の芽をつんで蒸さないで[439]。
1421　かきまぜた酢に山ショウガをつけないで[440]。
1422　ウリを台所側の柱のまわりに植えて、のび放題のままにしないで。
1423　サトイモを植えて、サウ・ホンの柱のまわりをぐちゃぐちゃにしないで[441]。
1424　タニシ[442]をいちいち一つずつ洗わないで。
1425　椀を洗うとき、大籠にほうりこんで上下にゆすらないで。
1426　柄杓を洗うとき、鍋の縁でとんとんたたいてすませないで。
1427　ごちゃごちゃ言ったとしても、ぼくのことばだけを覚えていてね。
1428　わざとそっぽを向いて、夫に嫌われ、
1429　わざと知らん顔して、夫にバカにされる。
1430　夫は嫌になって、夫はおまえを捨てるだろう。

438　薪は森から取ってくるものであり、村に転がっている木ぎれはゴミ扱いで、それを集めて囲炉裏の火にくべるのは汚いとされる。

439　藍草は染料に用いられるが食べられない。

440　山ショウガは食べられない。

441　「家霊の間」と家長の寝所の境界の柱なので、まわりを片付けておくのがしきたり。【☞6講】

442　【☞動植物名】

ポン・ピーの花（モクチャウ県　二〇〇七年）

1431　夫に捨てられたら、僕ら二人はやっと結ばれる。

1432　僕ら二人が結ばれるとき、もうなにもしなくていい。おまえはやもめだよ。

1433　なにもしなくていい。おまえの脇は空いていて、なにもない[443]のだから。

1434　おまえは昔みたいに、すらっとすきとおって美しく、

1435　死ぬまで恋人を忘れない。

1436　空のすきまに入ってしまう[444]まで、ぼくらは忘れないよ。

1437　何があっても忘れないでね。

1438　ポン・ピー[445]の赤い花を忘れない[446]でね。

1439　高い山のコウゾ[447]畑に生える山ショウガを忘れないでね。

1440　ねえ、おいていかれたぼくを忘れないでね。

1441　川をせきとめるなら、簗を忘れないで。

1442　川をふさぐなら、堰を忘れないで。

1443　死ぬまで、昔の恋人のいっさいを忘れないで。

443　夫婦同衾でなくなり、隣に寝る人がいない。

444　女性が亡くなること。

445　【☞動植物名】

446　山ならどこにでも生えている草だから忘れるはずがない。

447　【☞動植物名】

1444　野鶏がランの竹林で鳴いても忘れないでね。
1445　ノック・チャン[448]が綿[449]畑で鳴いても忘れないで。
1446　結った髷を傾けて夫の家にあがったあとも、忘れないで。
1447　臼に籾をいれるなら、杵をつけ忘れないで[450]。
1448　口に米を含んだら、飲みこみ忘ないで。
1449　頭の髪に髷するのを忘れたりしないで。
1450　蚊帳を吊る棒がひょろひょろ飛び出している[451]だなんて、忘れないで。
1451　紙のようなクワズイモ[452]が太陽だなんて、忘れないで。
1452　ジャコウネコが白いまだらのウマだなんて、忘れないで。
1453　サトイモを植えたら桑の森だなんて、忘れないで。
1454　桑を植えたらターンの森だなんて、忘れないで。
1455　粟をまいたら砂地の中州だなんて、忘れないで。
1456　スイギュウが死んでいるのにシロアリ[453]の塚だなんて、忘れないで。
1457　コウラウン[454]が苗をぬくのは田植えするためだなんて、忘れないで。
1458　シカの角がサイ[455]の角だなんて、忘れないで。
1459　のしのし歩いて岩山を頂まで登るだなんて[456]、忘れないで。
1460　カラスが袋をさげて畑をおこしてくれるだなんて、忘れないで。
1461　野鶏が髷を結って櫛でとくだなんて、忘れな

448　【☞動植物名】

449　【☞動植物名】

450　臼に米は入っているが、杵に槌がついていなくてつけない。

451　マイ・への竹へぎは丈夫なので、これで蚊帳を吊ると一生かえないでいいというが、余分な部分を切りそろえず放ったらかしなさま。

452　クワズイモの茎の根に近い部分が紙のように薄くなっている。

453　【☞動植物名】

454　【☞動植物名】

455　【☞動植物名】

456　サイが急峻を上れるわけがない。

コウラウン（トゥアンザオ県　二〇一一年）

457　【☞動植物名】

458　【☞動植物名】

459　女子は10歳くらいになるとピアスをつける。まず耳に穴を空け、黒い糸をとおしておく。次に木の枝の芯の柔らかい部分を細く削って詰め直す。3、4日後にもう少し太いのを詰め直す。こうしてピアスに慣れる。

460　【☞動植物名】

461　【☞動植物名】

462　【☞動植物名】

463　【☞動植物名】

いで。

1462　ガビチョウ[457]がお歯黒を知っているだなんて、忘れないで。

1463　コオロギ[458]が芯を切りだして耳につめる[459]だなんて、忘れないで。

1464　カニ[460]が筌をかついで魚を取りにいくだなんて、忘れないで。

1465　あぶった魚肉が昼寝の子どもをだっこしてあやすだなんて、忘れないで

1466　カワセミ[461]が魚をすくって自分の子のためにかんであげるだなんて、忘れないで

1467　ナベの中からカエル[462]が足でたきぎを火にくべるだなんて、忘れないで

1468　瓶にさした野菜から芽が生えるだなんて、忘れないで

1469　棟木束《むなぎつか》[463]からにょきにょき芽が生えるだなんて、忘れないで

1470　たれ下がったバナナの花がふりむいたりでき

市場で売られる各種カエル（ソンラー　二〇一〇年）

ソリザヤノキの実（マイチャウ　二〇〇六年）

るだなんて、忘れないで

1471　ソリザヤノキ[464]の実がまっすぐたてるだなんて、忘れないで

1472　水くみ用の水筒[465]から葉が生えるだなんて、忘れないで

1473　クモの糸がスイギュウの角をぐるぐるに巻くだなんて。恋人同士だってこと忘れないでね。

1474　何があっても忘れないでね。

1475　ニラ[466]から葉っぱが出てから忘れてね。

1476　レモングラス[467]に花が咲いてから忘れてね。

1477　物入れの竹筒がキンの国にいって王にかしづくことを知ってから忘れてね。

1478　髪が髷になるのを忘れたときが、ぼくらがたがいをけろりと忘れてしまうときだよ。

1479　何があっても忘れないでね。

1480　マー河が干上がって、皿みたいになってから忘れてね。

1481　ダー河が干上がって、箸みたいに細くなってから忘れてね。

464 【☞動植物名】

465 【☞8講】

466 【☞動植物名】ニラの葉に網目状の葉脈はない。

467 【☞動植物名】

竹の節を加工してさまざまな容器に用いる。かつては杯もこれでつくった（トゥアンザオ県　一九九九年）

菜園で栽培しているレモングラス。調味料としてしばしばスープなどに用いる（トゥアンザオ県　二〇一一年）

1482　ブーが飛び跳ねて、星を食べてから忘れてね。
1483　白い砂が飛び跳ねて、霧を食べてから忘れてね。
1484　タイヨウチョウが菜園の野菜を半分くらい食べてしまってから忘れてね」。

１７、男はふたたび旅の空

1485　空高くをヨシキリが身を翻して舞っているというのに、男はまたもどっていくよ。
1486　地面近くをツバメが身を翻して舞っているというのに、男はいってしまうよ。
1487　「お元気で、紫のサトウキビ。
1488　それから緑のサトウキビ。
1489　牙がいきりたち、はつらつとしたぼくのゾウ、
1490　かけがえのない人。悲しまないで。
1491　のびのびそだってね、梅[468]の木さん。
1492　のびのび大きくなってね。マンゴーの木さん。
1493　毎日毎日、ゾウ30頭に根元を食べさせる。

468　【☞動植物名】

1494　ゾウ60頭に葉を食べさせないで。
1495　木はじっくりと日にさらされ[469]、
1496　根っこはゆっくり地を這いひろがる。
1497　家がたったら[470]、ゆうに1万年。
1498　自分から地下7層も下までもぐりこんで[471]、ぼくを捨ててしまわないでね。
1499　ぼくらが仲違いして、菜園のショウガの葉みたいに二つに分かれたままなんてありえない。
1500　仲違いして菜園のウコンみたいに葉が黄色くなってしまう[472]なんてありえないよ[473]。
1501　ぼくも命がけでモロコといっしょにいたかったけれど、尻尾が切れてしまった。
1502　命がけで鯁魚[474]といっしょにいたかったけれど、尻尾が曲がってしまった。
1503　命がけでおまえといっしょにいたかったけれど、離れてしまった。
1504　まるでたえまなく流れているダー河、ホン河に、ものでもあずけるみたい[475]。
1505　大きな魚は離れても、またむれにめぐりあうもの。
1506　かわいいおまえのところにいたかったけれど、もどっていくよ」。
1507　むすめはいう。
1508　「ここから出ていっても、体を大事にして[476]ね。
1509　ねえ、道から離れたらだめよ。
1510　残念だけど、わたしは食事もままならない家にいて、いつも葉っぱもかわいたまま[477]。
1511　家は干上がりそうにひもじくて、ほんとうになにもない。

469　木の幹が長くさらされる（*ták*）とは、美しく成長した木のさま。

470　仲のいい幸せな家庭を築くこと。

471　死ぬこと。

472　しおれかけている。

473　1499－1500行は、愛しあう者同士が一緒になるべきという意味。

474　【☞動植物名】

475　川にあずけても流れ去ってしまうように、すべてが無駄でむなしい。

476　でこぼこなく上手くつくられたろうそくのようす、体をいつも動かして健康を保っているようすを *ik liễng* の語は示す。331行参照。

477　葉におかずやご飯がくるまれることがなく、いつも食べ物がない。

1512 あなたのお昼のために、おむすびに入れるトリもないのよ。

1513 おかずなしのご飯だけにぎって、あなたへの愛のあかしにするしかないのね」。

1514 おとこは恋人の家を出て、村のあいだの道をいく。

1515 恋人の村を離れて、街道[478]にむかう。

1516 客を帰した恋人の、怒った声が聞こえる。

1517 泣きくずれた恋人の、夫をののしる声が聞こえる。

1518 まだ山のふもとについたばかりだが、

1519 もう声はとどかない。女の声は聞こえない。

1520 大きな菜園のなかにある、かぼそいディル[479]の葉1枚だけを想っている。

1521 若芽はそだって、大きな葉になる。

1522 葉になったばかりなのに摘みとられ、蒸されてしまった[480]。

1523 遠くに目をやると、キワタ[481]の木にやわらかな若葉がつらなっている。

1524 女とわかれ、男はひとりかなしんでいるよ。

1525 また、そこかしこをわたり歩くよ。

1526 つづらおりの道を越えていくよ。

1527 ぼくらの愛を、千の年、千の月も、飽かずにいてね。

1528 イチジク[482]の木のヤニとコウゾのヤニが混じる[483]のに、すっかり飽きてしまうなんて。

1529 目尻が首根っこにぴったりくっついている[484]。

1530 ほら、薄墨色の小鳥が、

1531 簗瀬で口をうるおそうと、飛びたった。

478 *tãng luông* は地域間を結びつける交易通商路で、ここでは街道と訳した。

479 【☞動植物名】

480 恋人を恋敵にとられたこと。

481 【☞動植物名】

482 【☞動植物名】

483 イチジクの木の脂とコウゾの木の脂は区別がつかないくらい似ている。

484 身を寄せ合った女の目尻が、男の肩に添えられること。

1532　ぼくのことを思ってくれるおまえ、夢で会ったらよろしくね。

1533　白い腕のかわいいおまえ、くにから出ていくけど、悲しまないで。

1534　よそのくにを７回も[485]めぐるけど、忘れないでね。

1535　ほら、赤カボチャ[486]の縞が見えなくなっている。

1536　青カボチャ[487]の縞がつまって、黄色くにじんでいる。

1537　ネナシカズラが、あろうことか、まっすぐにたって花を咲かせた。

1538　花が咲くなんて、禍々しい。

1539　金銀で飾った左右の牙が交差しているほどのゾウ[488]なら、どんなに良かっただろう。

1540　アイの花がマー河にあるなんて[489]、いやなこったよ。

1541　服の裾は、タマムシ[490]の羽みたい。

1542　平らに広がる高原を、てくてく歩いていると、疲れもわすれる。

1543　疲れはてたら、よそのくにだと、木の葉をつけ根からちぎって[491]疲れをいやす。

1544　ちぎってみれば、葉に手の形がついている。

1545　あの子からはしらせもなく、顔など見えるわけもない。

1546　見えるのは、柄の赤い小鉈[492]、

1547　ふちの赤いクズウコン[493]の葉を切ってみると、軸は紫[494]。

1548　ひよこバナナ[495]が、切っても切ってもでてく

485　何度も、を意味する。

486　【☞動植物名】

487　【☞動植物名】

488　稀有のすばらしい牙をもつゾウ。

489　はるか遠いところの意味。

490　【☞動植物名】
羽を服の装飾にも用いる。

491　旅路で葉をおしりの下に敷いて休息する。

492　かつて道行く男女は小鉈をたずさえ、枝や草を払い、食べられる野草を摘みながらすすんだ。

493　【☞動植物名】

494　紫（*cẩm*）の原義は、体を打ちつけてできるアザの色であり、男の心の苦しみをここでは形容。

495　【☞動植物名】
あたり一面が香りで包まれるほどの香りがよく、甘い小ぶりのバナナの一種。

かつてタマムシの羽を衣装などの装飾に用いた（マイソン　二〇〇七年）

る[496]なんて。

1549　サツマイモ[497]を植えると、長ヒョウタン[498]のつるになる[499]なんて。

1550　恋人を送るぼくは、夫の家までいったよ。

1551　今はもう９月、盛りをすぎたヒョウタンの葉は苦い。

1552　ぼくをなんとか助けてね。村の男の子たち、女の子たち。

1553　恋人と語りあうにも離ればなれ。

1554　風はダー河の上のほうまで吹きあがり[500]、心はおもくしずみこむ。

1555　吹きあがった風も、旅の男に心地よければよしとしよう[501]。

1556　バナナの葉が茎からおちて、山から川へ、下手でひっかかっている。

1557　流れてくだり、二つも三つも河口をすぎて、村へとはいる。

1558　ちぎりあったのはひとりだけ。かけがえのな

496　ふつうバナナは一度切ったらそれきり出てこない。この異常さも凶兆。

497　【☞動植物名】

498　【☞動植物名】

499　次々あたらしい男に心を奪われる節操のなさを非難。

500　上から下へ流れ下るダー川の上を、風が吹き上がるのは、実るべき恋が実を結ばなかった波乱を意味する。

501　苦悶の風でも、旅人たちに快ければよしとしよう。

い人への想いを断って、送ったよ。

1559　恋人と離れてしまったら、独り寝するだけ。

1560　恋人と別れてしまったら、バナナの葉で小屋をさしかけ眠るだけ。

1561　わら山で眠っていると、霧がしなだれかかる。

1562　ぽつぽつ歩いてわが家に向かう。

1563　ただなんとなく胚だけの米を食べ、なんとなくそこにいる。

1564　ただなんとなく箸で米を食べ、なんとなく水を飲む[502]。

1565　夜眠っていて、精霊が押したりゆらしたりしにきても、なんとなくひっくりかえるだけ。

1566　精霊がひっくりかえそうとしたら、されるがまま[503]。

１８、夫の実家でかわいがられないよめ

1567　なつかしいあの女は、台所側のテラスの入り口で、水仕事に必死なふりをする。

1568　風邪のふりして、台所側のテラスの入り口で休んでいる。

1569　風邪のふりして、床下の小さなメンドリみたいに臥している。

1570　がんばっているふりをしていると、姑がののしる。

1571　おなかが痛いふりをしていると、姑がしつこく叱る。

1572　愛しあう二人は、どうすれば見つめあうことができるのか。

502　1563－1564 行は、心がうつろなさま。

503　心が死んだようになっている。

1573　ほら、空の雲や霧が流れる星をすっぽりつつんでしまっている。
1574　煙がとぐろを巻いてあがり、空はぼんやり重くなる。
1575　どうにかして、体を二つに割って半分をあの子のところにやることができたらなあ。
1576　今や、めくるめく年が過ぎ、
1577　次々と月を重ねている。
1578　田んぼで3回刈りとって、
1579　川の魚は4回めぐってきた[504]。
1580　両親は認めなかったが、恋はおわらなかった。
1581　男は恐れもせず、
1582　女は笑うだけだった。
1583　女の父と母は言った。
1584　「マイ・ホックには薄紙ができるもの、
1585　マイ・へは水筒[505]になるもの、
1586　女はよめにいくものだ。
1587　よめとしてよその家に迎えられるのがいいのだよ」。
1588　あちらの父とあちらの母はいう。
1589　「娘ったら、野菜を摘ませても皿が満たない。
1590　具なし汁[506]をつくらせても、鉢が満たない。
1591　刺身[507]をつくらせても、うすく身をそげない。
1592　話す声はまるで雷[508]。
1593　糸をつくらせても、櫛目が百ある筬[509]にはいらない。
1594　役人の家の祖先にお供えなんかさせられない[510]よ。

504　4年経った。703 − 704行と同様の表現。

505　バン・ナム・ティンの太い水筒。【☞8講】

506　具が入っていない、最も貧しい汁（*canh kẽ*）。

507　刺身（*pa cỏi*）は、魚の身を薄くそぎ、次の調味料を合わせ漬ける。酢、バナナの花［山バナナの花（*mák pi*）が最良。なければ *cuổi xáy* というバナナの花］、落花生、ニンニク、ゴマ、トウガラシ、ホム・イン・キー（*hom ing kĩ*）とホム・サラン（*hom xlãng*）の香草。トゥアンチャウは鯉の刺身で有名。

508　いつも怒って、聞くに堪えない声を上げる。

509　【☞9講】

510　姑が亡くなり祖先へのお供えをヨメがすることになるが、自分たちの死後、このよめには祀ってもらいたくない。

1595　銀板[511]２枚の価値もない。

1596　金板３枚の価値もない[512]。

1597　いつまでも、自分の家で食事するのじゃないみたいだとは、しつこいよ。」

1598　一方、「舅の銀は、まだ10ポン半に達していない。

1599　舅の銀は、10に分けた16ポン[513]にまだ達していない。

1600　腕輪や指輪の銀ももらっていないから、交換にもいけないよ。

1601　むこの値の布500[514]に、まだちゃんと達してないのだよ」。[515]

1602　夫がいう。

1603　「水がわく。森の口の泉から。

1604　役にたたないなら、親類のもとへかえしてしまおう。

1605　木の花のような子を、義母の縁者のもとへかえしてしまおう」。

1606　むすめはどうにもこうにもしようがない。

1607　愁えたところでしようがない。

1608　うなだれたちあがると、涙あふれる。

1609　たちあがり、まえにいこうにも、涙とめどなく流れる。

1610　とめどなく流れる涙、筋二つ。

1611　筋三つ。

1612　一筋、うしろに流れると、５本の樋をいっぱいに。

1613　一筋、まえに流れると、女が昼餉まえに顔を洗い清められるほど。

511　板状の銀貨（*ngõn xoi*）。

512　ヨメの側の親族が差し出した婚資が銀板２枚と、金板３枚だったが、こんなヨメをよこされるんなら、もっと金銀をたくさんもらうべきだったという意味。

513　銀は使いやすいように、たくさんに割って保管する。

514　500トン。

515　1589 − 1597行では夫方親族による妻方親族への不満が表明され、1598 − 1601行では、夫方親族も婚資をきちんと払っていない不満が表明される。婚姻に際して決めた婚資を双方の親族が払わないのはふつうであり、お互いさまということでチャラにし、口にしないのが常識的なルール。【☞２講】

1614　一筋、むれを率いる大スイギュウを洗えるほど。

1615　一筋、地面におちると、らくらく土をおこせるほど。

1616　一筋、くぼみにおちると、村に棚田ができるほど。

1617　あのむすめをよめに取るまえは、夫の父母は大きな堰を掘り、水浴びさせるつもりでいた。

1618　よめにとって荷棒がかつがれてくると、よめだけかえしてしまいたかったが帰らなかった。

1619　むすめがいう。

1620「父の心にかなわなかったのなら、両手をあわさせてください。

1621　母の心にそむいていたのなら、許しをこわせてください」。

1622　しかし、酒とニワトリでは目もくれない。

1623　酒とブタでもそっぽを向いている。

1624　酒とゾウでも準備すれば、ちらとでも見るだろうか。それでもどうなるものやら。

1625　しかし、女は貧しいのに、どうすればいい。

1626　女は貧しいから、どうにもしようがないのだよ。

1627　夫の父母は、夫をけしかけて、大きな棒でよめをうたせた。

1628　長い棒でよめをうたせた。

1629　よめをうつのは昼餉のとき、

1630　よめをうつのは夕餉のとき、

1631　よめをたたくよ、まるで米倉をたたくみたいに[516]、

516　中にたくさん米が入るように、たたいてすきまをできるだけ埋める。

1632　まるで大きなくにの太守[517]が太鼓をたたくみたいに。
1633　出戻ってくれないので、夫らは女の鉈の鞘を床下へほうり投げた。
1634　かわいいあの子の鉈の鞘[518]を、はしごの下へ投げてすててしまった。
1635　よめの糸車を踏みつけて壊してしまった。
1636　とうとうよめは自分の両親たちのところへかえる。
1637　母がいるもとの親類たちのところへ出戻るよ。
1638　むすめはいう。
1639「出戻ったら、母の親戚たちが、私を村から送りかえしてしまうのでは。
1640　帰るとすぐに、まるで流れ者[519]が来たみたいに、わたしをつれだして捨てるのでは。
1641　晴れて暑い日、風が吹いてほしくても、そよぎもしない[520]。
1642　まさか大好きだったあの人が、道いく姿を見るなんてことはないだろう。
1643　まさかわたしのあの人がすぎていくのを見るなんてことはないだろう。
1644　水を塞いだが、簗を忘れている[521]。
1645　水を区切ったが、筌を忘れている。
1646　遠出したが服を忘れた[522]。
1647　だれかよその人の肌になじんで[523]、わたしを忘れてしまったかしら」。
1648　むすめはいう。
1649「イチジクの花が咲いていたあの頃のこと、
1650　あの恋人といた頃のこと[524]、あれだけ恋した

517　在地首領アン・ニャーは、くにの祭礼で太鼓をたたいた。

518　田畑や森に行く際、鉈は必ず携行するもの。

519　さすらいの流れ人（*cõn đông*）はしばしば狂人なので、疎んじられ、避けられる。

520　いてほしいときに恋人がそばにいない。

521　肝心のものが欠けているさま。

522　1641－1646行は、愛しい恋人を偲んでいる。

523「肌になじむ」とは、恋人や夫婦の同衾を意味する。

524　恋の歌謡『クアム・バオ・サオ（*Quãm Báo Xao*）』の歌詞を踏まえている。
【☞諺、慣用句】

人だけど忘れてしまっているかしら？」。

１９、出戻った女

1651　むすめの父と母がいう。
1652　「誰だろう、下の田んぼをとおるぼろぼろの人は。
1653　遠くから見ると、服は黒。
1654　近くで見ると、服は灰色[525]。
1655　よくよく見たら、なんとまあ、わが子じゃないの。
1656　いったいぜんたいどうしたことだろう？」
1657　ゾウは森に入っても、足あと[526]をけっして忘れない。
1658　ゾウは林に入っても、墓場を忘れない[527]。
1659　わが子は母を忘れていない。
1660　昔の恋人を忘れはいない。
1661　むすめはいう。
1662　「どうにもならなかったよ。おかあさん。
1663　尽くせば、ひとはみとめてくれるはず。
1664　お役人の家のためにどんなに尽くしても、いつも服は破れたまま[528]。
1665　精いっぱい尽くしてみたけど、背中に敷く筵もない[529]。
1666　食事はいつも、砂を食べさせられているみたい[530]。
1667　夕も昼も、まるで籾殻[531]を食べさせられているみたい。
1668　食べないと、おなかぺこぺこ。

525　汚れて灰色（*đề*）。1530行では、薄墨色と訳した。

526　野生動物は足あとなどの痕跡（*nguờn hõ*）を残し、来た道を忘れないと考えられている。

527　ゾウの死体が見つからないのは、ゾウだけが知る秘密の墓場（*khỏ*）でゾウが死ぬからだと考えられていた。

528　どんなに尽くしても、夫の家でひどい仕打ちを受けた。

529　布団の下に敷く大筵【☞６講】。嫁ぎ先で冷遇されたことを意味している。

530　ひどい仕打ちを受けた。

531　アヒルやウマの餌。

1669　食べるとすぐにのどの奥にひっかかって、のみこめない。

1670　なんでもぞんざいに形をつくろっているだけだから、怒られる。

1671　いつもなにかぬけていて、形だけつくろっているだけだから、ののしられる。

1672　ぼんやりしているので、叱られる。

1673　みんな遊興台[532]で、わたしをバカにする。

1674　下手で有名なのはまさに舟、

1675　上手で有名なのはゾウ。

1676　離縁されてもいないひとりだから、未亡人と捨てられた妻のまんなか[533]。

1677　あの人とわかれて、おかあさんのいる家に戻ってきたよ。

1678　みんな知っているとおり、ビンロウジの実のホーをたずさえてくる人[534]はいるものだ。

1679　魚のホーをたずさえて申し出る人がいるもの」。

1680　父と母がいう。

1681　「川が広くなければ、投網は小さく、

1682　酒に苦みがなければ、麹[535]を減らす。

1683　離縁されたむすめだから、銀は値びきするよ」。[536]

２０、女の再婚

1684　よそから人が酒とニワトリをかついで、ようすを見にくる。

1685　酒とブタをかついで、結婚を申し込みに来る。

532　若者たちにバカにされる。

533　夫に先立たれた（*mai*）のでも、夫をすてて離婚した（*hạng*）のでもなく、一方的に追い出されたこと。望まぬ相手と無理やり結婚させられた結果で、自分は悪くないという気持ちが暗示されている。

534　求婚者。

535　蒸留酒ではなく、麹(*vạng*)による発酵酒では、クインニャイが最も有名で、ほかにフォントー、フーイエンが有名。

536　婚資を安くする。

1686　辛の日に、神饌の酒２杯を飲む。

1687　丙の日に、婚姻の酒杯をかわす[537]。

1688　客間側で酒を飲みながらはなしこんでいるのが見える。

1689　台所側で荷棒をかついで待っているのが見える。

1690　蝶[538]がきらきら舞っている。まるで女を送るみたいに。

1691　ほら、日は昇り、はすかいにある。

1692　新しい夫たちは実を受け取り、籠につめにいく。

1693　結婚し、女は夫の家にいく。

1694　かつぎ荷をしつらえ、夫の家にあがってみると、すべておざなり[539]。

1695　頭に櫛さし、新しい夫の家にあがる。

1696　しかし、女のまっすぐな心は宙ぶらりんのまま、

1697　ケチな心もまるで糸のようにねじれたまま[540]、

1698　あの人はどこか遠くにでていったけれど、心はしっかりと結びあっているまま[541]。

1699　女は米を搗くというのに、杵棒[542]をなげてしまう。

1700　米を干すというのに、筵にやつあたりして大声をだす。

1701　お役人だというのに[543]、面とむかって夫を罵倒する。

1702　台所に出れば、義姉の悪口、

1703　客間側に出れば、義兄の悪口、

1704　高い山をのぼれば、義父の悪口、

537　874 − 875 行参照。

538　白いチョウが群をなし、追っかけあって輪舞している陰暦８月頃（黒タイ暦２月頃）の光景。かつては、これをつかまえて炒めて食べた。

539　しきたりに形だけ従うレベルの格の家に嫁いだ。

540　544 − 545 行参照。

541　再婚したが、もとの恋人を思い続けている。

542　杵がなければ唐臼は搗けない。いいかげんに家事をするさま。

543　村長か副村長らしい。

蒸し上がったおこわは、大きな盆の上に広げ、余分な蒸気をまず飛ばす（トゥアンザオ県　一九九七年）

笊を用いて白米から不純物を取り除く（トゥアンザオ県　一九九七年）

1705　家にいれば、義母の悪口。

1706　水場にいけば、水筒を流してしまう。

1707　家に帰れば、足でたきぎをくべようとして、鍋をひっくりかえす。

1708　おこわの蒸気をとばそうとして、盆[544]を割ってしまう。

1709　人をよびに出るのに、乳房はブラブラさせたまま。

1710　ブラブラの乳房は、台所側の柱を七めぐりする。

1711　夫の父母がいる家のザル[545]の縁なら七めぐり

544　蒸し上がったおこわの蒸気を飛ばすために広げる盆（*phá khẩu*）は、ハゼノキ［学名 Dracontomelum duperreanum；黒タイ語名 *củ*；ベトナム語名 sấu］のや人面子の木［学名 Rhus succedanea；黒タイ語名 *chà*；ベトナム語名 sơn］だろうか。大木の板根が材料。

545　精米笊（*đổng*）。

できる。

1712　寝床に入っても、布団に当たりちらし、
1713　とつぜんおきあがって夫に怒鳴る。
1714　櫛を、毛先から根元にむかって梳いて[546]、
1715　座るときは、うらがえしの籐椅子に尻をはめこむ[547]。
1716　むこうの父と母がいう。
1717　「やつれた女がおこわを山ほど食べている[548]。
1718　仏頂面して、家の中をぐちゃぐちゃにする」。
1719　一方、夫の父はもう銀を15も使ってしまった。
1720　きっかり16、すっかり払ってしまったよ。

546　櫛で髪を梳く向きが逆。

547　赤ん坊の座らせ方（29行参照）。

548　憔悴して蒼白（原語では「黄ばんで白い」）な人（*cỗn khao lương*）や妊婦などは、酸っぱいものを食べたがるものなのに、おこわを食べまくっている。

２１、売られる女

1721　父が娘を連れて下手の市場にいき、売り払って塩にかえようとする[549]。
1722　娘を連れて上手の市場にいって、米にかえようとする。
1723　しかし、米にかえてくれるなさけのある人はいない。
1724　塩にかえて助けてやろうという人はいない。
1725　遠くに目をやると、ある日の雲は水車みたいに丸かった。
1726　ある日は、雲が赤い筋をえがいていた[550]。
1727　むすめを千回も売りにいったが、はなしはまとまらなかった[551]。
1728　女を売るために市場を九つ[552]も訪れたが、だめだった。
1729　やっとおりあいがついたのは、葉[553]を売る人

549　出戻った娘を父が売りに行く。

550　毎日市場に娘に売りに行ったことを、毎日の雲の形の変化で示す。

551　値段に関して折り合いがつかない。

552　九つはたくさんの意味。**【☞諺、慣用句】**

553　クズウコンの葉。

小物などを入れるホとよばれる四角い籠（トゥアンザオ県　一九九八年）

土地の取水条件に応じて、水車を用いた灌漑も行われる（トゥアンザオ県　一九九八年）

とのあいだ。
1730　やっとはなしがついた。色あせた葉との交換で。じつはなんとそれが昔の恋人[554]。
1731　こうしてあの女は、昔の恋人の家にいく。
1732　しかし、女が連れてこられたのは臼のかたわら。いつも唐臼を搗くために。
1733　いつも長臼を搗くために。
1734　主人は小さな鉈を鞘といっしょにわたした。
1735　野菜といっしょに野菜籠をわたした。
1736　鉈といっしょに薪もわたした。
1737　家族がいるときは、酒をわたした[555]。
1738　米といっしょに大籠[556]もわたした。
1739　ワク[557]といっしょに絹糸もわたした。
1740　布といっしょに道具籠[558]と糸もわたした。
1741　水といっしょにマイ・ホックの水おけもわたした。
1742　臼といっしょに舟形の臼と篩《ふるい》をわたした。
1743　ブタのハム[559]はむすめが搗いて刻むためにあ

554　クズウコンの葉と引き替えに使用人として買った女性が、かつての恋人だと男は気づかない。寄る年波の苦労により風貌が変わってしまっている。

555　家族で食事する際に、酒をつがせた。

556　米を蓄える大籠（*dĩa*）。

557　糸を巻き取るワク（*pia*）。【☞9講】

558　小物などを入れる四角い籠（*hồ*）。

559　【☞動植物名】

胡麻、ショウガ、山椒などその他、主に調味料を月つぶすのに用いる木臼と木槌（トゥアンザオ県一九九八年）

る。
1744　女は悲しみで胸が張り裂けんばかり。
1745　心は苦しみであふれている。
1746　米を搗く時はブタに愚痴をこぼす。
1747　ブタにエサをやる時はニワトリに愚痴をこぼす[560]。
1748　カッ[561]の木で作った臼に愚痴をこぼす。
1749　ム[562]の木で作った杵に愚痴をこぼす。
1750　ひとり思いわずらって[563]、ひたすらに恋いこがれるあの人をまっている。
1751　妻としてならんで寝たくても、かなわない。
1752　妻として添い寝したくても、かなわない。
1753　それどころか、女が連れてこられたのは、水がしたたる食器棚の下、
1754　煙がよどむ火棚の下[564]。
1755　女は毛先まで灰まみれだよ。
1756　ちらりと見れば、あの人は仲むつまじく対で寝ているよ[565]。
1757　むすめがいう。
1758　「わたしらが愛しあっていた頃、あの人は口琴[566]を形見においていった[567]。

560　家畜に愚痴を聞いてもらう。

561　【☞動植物名】

562　【☞動植物名】実を蒸しておこわに包んで食べる。

563　もとの恋人が気づいてくれないのを気に病んでいる。

564　1753－1754行は、使用人として奉仕させられている我が身の不遇を嘆いている。

565　男にはすでに妻と子がいる。

566　口琴として *hưn mạy* が用いられているが、ここでは通常の銅製口琴（*hưn tõng*）

1759　あの人は愛していたから、口琴をくれたのよ」。
1760　むすめは口琴を入れ物からひきだし、うちはじく。
1761　昔恋したあの人は、まだ大事に思ってくれているだろうか。
1762　夫がいう。
1763「貧しい女が口琴をはじいている。
1764　みすぼらしいあの女が口琴をはじいている。
1765　ゾンゾン響くのは、昔の恋人においていった口琴ではなかろうか。
1766　心から好きだった昔の恋人のとそっくりだよ」。
1767　それから、男は思いをはせた。
1768　男が思いあたるのは、青年だった頃のこと。
1769　恋するもの同士が家をもつのがしあわせなはず。
1770　愛しあった者同士が暮らしていくのがしあわせなはず。
1771　少しも[568]迷うことはない。
1772　毎日毎日ぺちゃくちゃ仲良く楽しく語りあったものだ。
1773　まるでつがいのオシドリ[569]がほら穴で目配せしあうように。
1774　色とりどりの花は、簗の下で輪になっておどっているよ。
1775　少女はおとなになり、赤いたていとを張って、薄絹の布にして巻きとる。
1776　巻きとったばかりの布だから、開くと妖しく光がこぼれおちる[570]。

の意味だろう。*hưn mạy* はコムー(Khơ mú)などがもちいる、マイ・ヒアの竹筒でつくった楽器。楽器の持ち手の指で穴を開閉させ、もう一方の手で筒を打ち鳴らす。

567　590 行参照。

568「蜘蛛の糸が垂れる(*dãư xao dọi*)」とは、「ほんの少し」の意味。

569【☞動植物名】

570　1775 – 1776 行は、かつての情が二人に戻り、再び恋に落ちるさま。

571 【☞動植物名】

572 キン族の民間歌謡を踏まえているらしい。

1777 まるでキンの女性がもっている、ムクドリ[571]が刺繍された桃色の手ぬぐいみたい[572]。

1778 二人がめぐりあったのならば、どうして誓いのことばを捨ててしまうことができようか。

1779 ぼくら二人の愛は昔のままだけど、いつしか髪は色あせている。

1780 愛は昔のままだけど、いつしか髪に白銀をいただいていた。

1781 あの人を責めたりしない。どんなに長いときがすぎたか。

1782 愛しい恋人をけなしたりしない。なにごともかわらなかったけれど。

1783 漬けものをつくるなら、すっぱくても文句はない。

1784 酒をつくるなら、苦くても文句はない。

1785 葉のぶあつい野菜がすっぱくなるには、時間がかかるのだから。

573 1783 － 1786 行は、二人の恋が実るまでに時間がかかったことは仕方がないことを示唆。

1786 七人がかりでないともちあがない大ガメの酒が、苦くなるには長くかかるのだから[573]。

1787 愛しあう者たちの幸せを天が助けたのは、今このときだよ。

２２、ふたたびめぐりあう恋人たち

574 1790 － 1791 行は財産の分け方を示している。まず財産となる物品ごとにまとめ、さらにそれぞれを細分化する。そのうえで、双方の取り分が均等になるように分けるのである。

1788 こうして愛する二人はめぐりあった。ほんとうに切なる願いがかなったよ。

1789 もうひとつ、まだ妻の件がのこっている。

1790 まず財産を12にわけてまとめよう。

1791 それから家の財産を二つにわけあおう[574]。

1792　ウマ、ウマの鞍、銅の鈴をわけあおう。
1793　二人で薄絹をすっかりわけあおう。
1794　二人で衣服もすっかりわけあおう。
1795　むすめがいう。
1796「キンマの葉はきつく巻かないで。
1797　きつく巻いて、葉の軸が小さくやわらかかったり、石灰がうすかったらたいへんだ。
1798　うすい石灰は歯につまる。
1799　愛していてもすぐに抱かないで[575]。
1800　これからまだまだ長いのだから。
1801　待っていればいい、タケネズミ[576]やセンザンコウ[577]がもぐっているなら。
1802　もぐっていても10尋か20尋ももぐったら戻ってくる。
1803　あなたの大事な奥さんに不満はいわないでね」。
1804　妻がいう。
1805「糸くずを切るようにわたしを切ってしまわないで。
1806　ホーに使ったあとの葉をすててしまうように、わたしをすててしまわないで。
1807　米を搗く杵は、どうぞかえてください。
1808　米を干す日は、どうぞかえてください。
1809　炉石を手にいれたのなら、どうかあぶり石[578]も作ってください。
1810　妻を手にいれたのなら、どうか妾もおいてください。
1811　これからは妾として、籐の枝の先[579]となり仕えさせてください。

575　20世紀初頭にカム・オアイが記したとされる訓話『クアム・ソン・コン（*Quãm Xon Cỗn*）』に、1799行に基づく教訓が含まれる。
【☞諺、慣用句】

576　【☞動植物名】

577　【☞動植物名】
夜行性でアリを食べる。

578　肉を火であぶったりするときに用いる。

579　節になっていない籐の枝の先は、あまり役に立たないが、かならずついている。

鍋などを置くための三つ石（五徳石）の傍らに、石二つをあぶり石として置く。ここで肉などをあぶって焼く（トゥアンザオ県　一九九八年）

1812　側室は、鉈の刃となって[580]お仕えします。
1813　桑の入った籠をかついで[581]お仕えします。
1814　酒の入った籠をかついでお仕えします。
1815　水を汲んで、新しい奥さんの足を洗ってお仕えします。
1816　精米したあと、家のすみで食べる[582]のを許してください。
1817　わたしは下座の間[583]で寝てもかまいませんから、あなた」。
1818　夫がいう。
1819　「家がごちゃごちゃになるのはマイ・ランのタケノコゆえ、
1820　家がごたごたするのは妾ゆえ」。
1821　どんなに説得しようにも、夫は聞きいれないよ。
1822　妻は最後のことばを夫に言い残す。
1823　「お元気で。添い寝してくれたあなた、
1824　わたしの横で寝ていた子どもたちみんな、
1825　わたしは両親たちのもとへ戻ります。

580　家事労働を引き受ける。

581　染織をする。

582　残り物を食べて片付ける。

583　寝所で一番台所に近く、「家霊の間」から遠いところ（*hỏng táng*）。

1826　母たちの親族のもとへ戻ります」。
1827　見ると、髷のうえにモモの花、
1828　みずみずしい顔にデンジソウ[584]の花が、ふきこぼれる。
1829　上着の裾には、尾びれのように切れ込んでいて、
1830　頭衣はゾウの尻尾のようにふっくらと、
1831　広い田野へとおりてしまえば、もう戻って来やしない。
1832　夫がいう。
1833　「心からの愛を込めて、境の峠道までおまえを送っていこう」。
1834　もとの妻を送り出し、離縁してしまったよ。
1835　「気をつけてね。服を繕ってくれた妻。
1836　服[585]は捨てるんじゃないよ。雨や霧の日のために、折り畳んで、おいておいてね[586]。
1837　ねえ、両親の親族のもとで元気でね」。
1838　愛する妻が、もとの家に戻っていったよ。
1839　ほら、カンランモドキの木[587]が茂った山に雨がふっている。
1840　バナナ[588]が茂った山にザーザーやってきたよ[589]。
1841　精霊[590]がぼくら二人を引き裂き、まさにこの日にめぐりあわせた[591]のだよ。
1842　まるで弩を射たら、的に命中したようなもの。
1843　きっと、夫婦になることはずっと昔から決まっていたのだよ。
1844　もう妻を離縁してしまったよ。
1845　赤くない絹糸は、これからゆっくり赤くしよう。

584　【☞動植物名】
デンジソウはシソ科なので花は咲かないはず。カム・チョンは、青い花を咲かせるというが、花については不明。

585　1835 行の「服」を受けている。

586　その服を他の人のために置いておいていいという意味であり、すなわち再婚の許可を伝えている。

587　【☞動植物名】

588　クズウコンやバナナなどの大きな葉を *tong* というが、ここではバナナと訳した。

589　1839 − 1840 行は、愛し合っている二人が巡り会うことを雨の恵みにたとえて表現。逆にうまくいかないことは、干上がる（*đét lạnh cánh cáư*）と表現。

590　ここでは人智を越えた超自然的力。

591　一周期（*vễn cọp*）してしてまた出会った。

1846　力がたりなかった分は、これから少しずつうめていこう」

1847　こうしてセン[592]という高い役職についた。

1848　さて、前妻はというと、

1849　母がくらすもとの家にもどり、

1850　夫をえた。ぴったりお似あいのつれあいを。

1851　こちらもポン[593]という高い役職についた。

1852　いずれもぴったり寄りそいあい、役にもつき、家は栄え、ずっと幸せでありましたとさ。

ハノイ2006年8月31日

師カム・チョン

592　長老会の高い役職。

593　長老会の高い役職。ムオン・ムオイ（トゥアンチャウの黒タイ語名）では、長老会でセンに次ぐ地位。

黒タイ文化12講

1講：父系親族集団：同姓集団と「三族」

「三族（*xam họ*）」とはアーイ・ノン（*ải nọng*）、ルン・ター（*lũng ta*）、ニン・サオ（*nhĩnh xao*）である。アーイ・ノンは、黒タイの父系集団中のある範疇であり、ルン・ター、ニン・サオとは婚姻結合によって生じる姻族と血族である。以下にその詳細を示す。

・同姓集団

黒タイは父系的に継承される姓を持つ。女性は結婚すると夫の父系集団へと所属をかえ、姓も夫の姓にしたがう。姓を同じくする人々の集団をシン（*xính*）と呼ぶ。ホ（*họ*）、ヴァー（*vả*）、ダム（*đẳm*）およびそれらを組み合わせたシン・ヴァー（*xính vả*）、シン・ホ（*xính họ*）なども同じ意味で用いられる。シンは中国語の「姓」に由来し［Gaspardone 1939: 418］、ホは、ベトナム語で姓を意味するホ（họ）に由来する。

貴族出自のロ・カム系統のロ・ルオン（Lò Luông）、カム（Cầm）、バック・カム（Bạc Cầm）、デオ（Đèo）などの姓をもつ同姓集団は、みな始祖的英雄ラン・チュオン（*Lạng Chượng*）から分岐した子孫であるという伝承をもつので、一つの父系氏族と見なしてよい。これらロ・カム系統の同姓集団のあいだで、祖先へのお供え（*pạt tổng*）の日は十干[1]の「丙の日」と「辛の日」として決まっている。家の客間側には父系の近祖を祀るための「家霊の間」があり、その横に、神話的始祖まで含む父系氏族全体を祀る「貴族の祭壇」も設置している。しかしカ（Cà）、ルオン（Lường）、ロ・ノイ（Lò Nọi）をはじめとする平民出自の姓の者たちどうしは、共通の父系祖先からの子孫であるとは信じておらず、貴族出自とは異なり、同姓集団だから同じ父系氏族の成員だとは考えていない。各家族も自己中心的な父系祖先をまつるだけであり、祖先へのお供えは10日に一度であり、村や地域が異なればおなじ同姓集団でもお供えの日は異なっている。

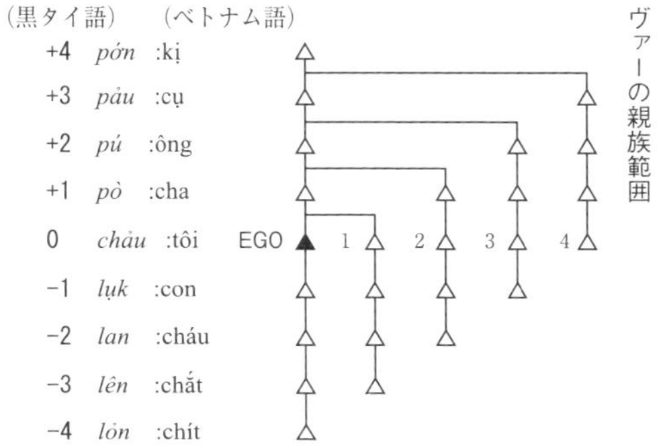

・父系集団：ヴァー、ダム、アーイ・ノン（上図参照）

上記のとおり、広義ではヴァーとダムは、ともに同姓集団を意味する。いっぽう狭義のヴァーは、ヴァー・チェット・チャン（*vả chết chặn*）という慣用句のとおり「ヴァーは７代」の意味である。これは、自分（男性）から４代さかのぼる父系祖先を起点（起点の祖先は含まない）として自分の３代下までを含む父系親族の範疇である。

狭義のヴァーのなかで、自分の代以上の世代の父系親族を包括する範疇を狭義のダムと呼ぶ。カム・チョンによると、1954年以前はヴァーが外婚単位であり、男性は同一のヴァーに属する男性の姉妹との結婚を忌避したという［Cầm Trọng 1978: 94-116］。しかし、トゥアンザオ県のA村では、ヴァーやダムなどの概念は1930年代以前に生まれた人は知っていても、ヴァーを外婚単位だとは認識していなかった。しかし現実の婚姻関係がどうかというと、カム・チョンの定義に基づく同一ヴァーに属する男女の婚姻の事例を、A村における過去40年の記録から確認できなかった。

さらにヴァーのなかでおなじ代に属する人々の範疇がアーイ・ノンである。アーイ・ノンという言葉はA村でも広く知られているが、同村に住む同姓集合の者同士くらいの意味で用いられている［樫永　2009：142-151］。

・婚姻による父系親族の連帯：ルン・ター（姻族）とニン・サオ（血族）

黒タイ語では、婚姻によって結合した二つの父系親族集団の関係を示す民俗概念がルン・ターとニン・サオである。レヴィ・ストロース流に婚姻を二つの親族集団間の女性の交換にたとえるならば、女性を与える側の親族集団がルン・ター、女性を受け取る側の親族集団がニン・サオである。黒タイの村の人々は自分にとって誰がルン・ターであり、ニン・サオであるかをかなり明確に認識している。しかも、つねにルン・ターはニン・サオより上位に立つべきという規範が浸透している。そこである家族がルン・ターにあたる人の訪問を受けると、豚肉か鶏肉、なければ鶏卵か魚肉を供して宴席をもうけるのがしきたりである。その場合、かならず訪問を受けた家族の代表とルン・ターの代表が後者を上座にして隣り合わせに座り、両者の間にラウ・サイン（*lẩu xãnh*）と呼ばれる神饌の酒杯を二つ置く。ラウ・サインは宴席のだれかが口をつける杯ではない。杯二つの意味は、一つはルン・ターの家霊をもてなすため、一つは招待している側の家霊をもてなすためとされる。

また、婚姻やなにかの行事や儀礼と結びついた宴会にはかならずルン・ターを招き、上座でもてなす。しかも婚姻や家の建築など、家族にとって重要な決定は、母の兄弟にあたるルン・ター・ルオン（*lũng ta luông*）の意見抜きには決められない。

ルン・ターとニン・サオの間には明確な婚姻規制がある。ニン・サオ側の男性とルン・ター側の女性は結婚できる。のみならず、この場合のイトコ婚は奨励される。逆に、ルン・ター側の男性とニン・サオ側の女性は結婚できない。次頁図の矢印が示すように、交換される女性の向きがつねに一方向でないと、ルン・ターとニン・サオの関係が乱れ、ルン・ターはニン・サオより上位にあるという規範のみならず、この規範に基づく社会生活に支障を来すからである［樫永 2009：162-165］。

・ルン・ターによる子どもの名付け

カム・チョンによると、今では知る人が少ない習慣だが、かつて子どもが生まれると生後一ヶ月後くらいにルン・ター（妻の父系親族集団）が、まず諱《いみな》（*chừ một*）をつけた。妻が夫の家で暮らしている場合、妻は数日間生家に戻り、その間に諱をつけた。諱は赤ん坊の魂を守護するための

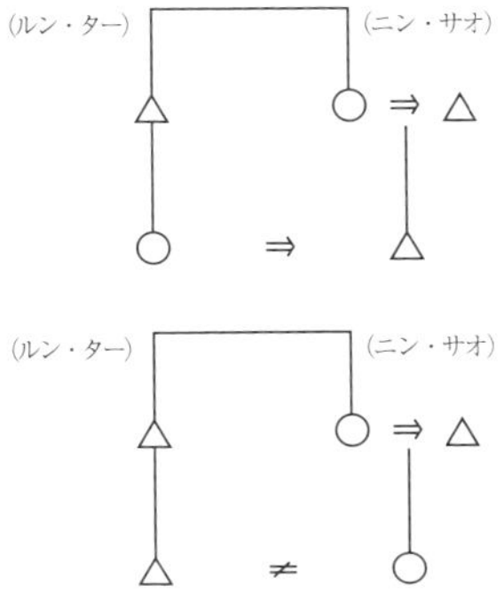

ルン・ターとニン・サオの間の婚姻

名である。その後、夫方の父系親族集団の人が本名をつけた。ちなみにカム・チョン（Cầm Trọng, *Cằm Chỏng*）の場合、諱が *Cằm Tiên* である。

注

1　【☞4 講】

2講：婚姻慣行

黒タイの婚姻は、妻にとっては自分の父母が属する父系集団から抜けて、夫の属する父系集団へ加入することを意味し、かつて実に複雑な長い手続きを必要とした。ソンラーを中心とする黒タイの婚姻の過程については、カム・チョンが要領よく丁寧にまとめている［Cầm Trọng 2005: 101-112］。以下ではカム・チョンの理念モデルに沿って黒タイの婚姻慣行のプロセスを示す。そのうえで、現在の村で行われている婚姻を示す。

I　婚姻のプロセス

＜1＞求婚の第一段階：「筒を並べ、包みを開くしきたり（*hịt ổ bẵy khay hó*）」

三族（アーイ・ノン、ルン・ター、ニン・サオ）【☞1講】の意見を伺ったあと、男の両親が男性仲介人（*pò làm*）と女性仲介人（*mè làm*）を立てる。仲介者には風俗習慣に通じ、話し上手で、信頼して物事を任せられる人が選ばれる。

仲介者たちは、良い月の吉日を選んで、キンマの葉を入れた包みを12、水たばこの包みを12、「対の酒とニワトリ（*đôi lảu đôi cáy*）」（去勢したニワトリ2羽、若いメンドリ2羽、酒4本のこと）をたずさえ、求婚相手の女性の両親の家にうやうやしく持参する。新しくルン・ターとニン・サオの関係になることを認めてくれるようにお願いしにいくのである。実際には、すでに非公式のやりとりが交わされ、女性の父母は受諾の意志を伝えてあるのだが、両家の慶事なので儀式として仲介人の一団が訪問する。

数日のうちに女性の両親が、三族の前で自分たちの意見を伝えるが、このとき求婚されている女性の母の兄弟の意見が最も重視される。最終的に決定を下すのは女性の父母だが、母の兄弟の意向一つに三族の意見全体が左右される。父母は娘の縁談が三族の不和を引き起こすことだけは、なんとしてでも回避しようとする。

『ソン・チュー・ソン・サオ』で言えば、失恋した若者は求婚のこの第一段階で恋人の両親により結婚を断られたのである。

＜２＞求婚の第二段階「話をつけて、値をつけるしきたり（*hịt ôm khát cà và khát quãm*）」

カム・チョンの表現をそのまま借りれば男尊女卑的な旧習の名残として、「女は売りもの、男は養いもの」（【☞諺、慣用句】489 行）という諺が知られている。売りものには値段（*cà hua*）がある。かつての社会生活では女性の地位が低く、求婚は「売り買い」にたとえられた。さらに、ヨメ側が嫁入り道具を準備するしきたりがあったため、黒タイの女性はいっそう肩身が狭かったという。「食べるのは唐臼の臼で、行くときは舟形の臼で（*kin tò phốc, kin tò lỏng*）」という諺さえある。もしたとえば結納金（夫側→妻側）として１を要求したとすれば、期日までに決められた嫁入り費用全部ではなくても、５以上払わないといけなかった。

求婚をめぐる慣用句に次のものがある。「村の掟では 12、くにの掟では 14［または 24］（*hịt bản xíp xong, hịt mường xíp xí* [*xão xí*]）。村の掟とは、圧倒的多数であった平民がしたがうべきしきたりであり、くにの掟とは貴族階層（ロ・カム系統の同姓集団）がしたがうしきたりである。かつては求婚の際に、以下のものを 12 ずつ準備しなくてはならなかった。

1）キンマの葉、外皮、水タバコ、ビンロウジの実が入っている「等しくいっぱいの竹筒（*bẳng dớng chờng piễng*）」を 12 個。ビンロウジの実は筒ごとに、別の房から取ったものである。くわえて水タバコかタバコの葉 12 包み、ショウガ 12 包み、１羽丸ごとをゆでたニワトリを９包み。さらに、青と赤の顔料で染めた竹へぎで編んだ籠が 12 個。それぞれに魚の燻製、鶏卵６個が入っている（つまり鶏卵は、合計 12 × 6 個＝ 72 個必要）。そのうえスイギュウの肉、酢漬けの牛肉、酢漬けの魚肉を入れた竹筒が 12 個である。

2）「布と銀が 12（*phải ngõn xíp xong*）」というが、経済状況に応じて三つのレベルがある。豊かな家庭では一般的に 200 バックの純銀イヤリングを合わせて銀 12 ポン分であった。中流家庭だと銀 12 ビア（20 バックの純銀イヤリングによる）で、貧しい家庭だと 12 バック（２バックの純銀イヤリングによる）であった。なお、銀の重量単位を黒タイは次のように定めていた。「1,000 フォン（*phôn*）＝ 100 バック（*bắc*）＝ 10 ビア（*bỉa*）＝ 1 ポン（*pông*）」であり、6 ビアが 1 kg に相当する。つまり、1 ビア＝ 0.167kg、1 ポン＝ 1.67kg である［樫永　2011：136］。

白い布に関しては、豊かな家でふつう 12 トンであった（1 トン＝ 10 チャウ、1 チャウ＝ 4 尋《ひろ》）［長さの単位については【☞ 6 講】］。中流家庭だと 12 チャウ、貧しい家庭で 12 尋であった。くわえて浮き織り布（*khít* または *nả pha*）をふつう 12 尋贈った。

規定はこの通りであるが、実際には男性側の家族が提示する最小の値に女性側の家族は合意することになっている。婚姻のどの局面の贈与交換でも、最少量に合意するのが暗黙の了解なのである。

＜３＞ムコの居候（*khươi quản*）

「話をつけて、値を付ける」儀式のあと、いい年めぐりの、良い月の吉日を選び、男性の両親は、かりそめの花婿奉仕として息子を受け入れてもらえるよう、女性の家族にお願いする。規定にしたがい、ムコは客間側にある房で起臥するのだが、これを「ムコの居候」という。

この慣行の目的は、女性側の家族が、将来の夫にふさわしい男かどうかを観察して見極めることにある。仕事熱心か怠け者か、機敏かのろまか、器用か不器用か、勇敢か臆病か、健康か病弱か、力仕事に長けているかどうかなど、要するに義理の息子としての資質が判断される。縁談を進めるかやめるかは、この段階でほぼ決まる。「ムコの居候」期間は最低で 3 ヶ月、長くて 1 年である。

この期間中に、ムコは田畑の耕作、川での漁労、水路での採集などあらゆる労働を担当する。家で時間があれば、漁網を編み、竹や籐の組みものを作り、農具を精錬し、子どもたちに読み書きを教える。農民として重いものの持ち運びや、難儀な労働いっさいを引き受ける。寝ているときと食べているとき以外は手足を動かしっぱなしである。

「ムコの居候」期間に、もし不満な点があれば女性の父母はいつでもムコを追い出すことができる。まだ結婚していないので、この期間中の同衾は厳禁である。違反するとたちまち放逐される。いっぽうムコの側も相手

村では男性が漁網を編む（トゥアンザオ県）

側の家族とうまくやっていけないと思ったら、両家の父母に願い出て家に帰らせてもらう。

「ムコの居候」には、男性は掛け布団、敷き布団、衣服なども持参する。森での労働に備えて鉈も持参する。この期間の終了時に、男性側から女性側への求婚の贈り物すべてを取り決める。

＜4＞「入房（*xú phả*）」

「ムコの居候」をした男性が女性の父母の意にかなったら、女性の両親は良い月の吉日を選んで、使いを男性の家に送る。男性の家はしきたりに従い、人を選んで結納品を持って行き、髷を結う儀式（*khửn cảu*）を執り行う。

結納品には、髷二つ（*đôi chọng*）、金か銀のイヤリング一対（*đôi óng hu ngõn hừ cẵm*）、銀のかんざし一対（*đôi mản khắt cảu*）、ネックレス一つ（*lểm pók cõ*）とブレスレット一対（*ngõn khảu cõ xáư khen*）が含まれている。これら装飾品の下には白布10尋、浮き織り布4尋が敷かれ、さらにキンマの葉と外皮とビンロウジの実と水タバコの包み4つも贈られる。

結納品の迎え入れの儀式は、ルン・ターの誰かがあらかじめ彼女らに依頼している村でもっとも恵まれた（威信があって、幸せに暮らしている）女性二人が協力する。彼女らは、家の中央に結納品を入れた笊《ざる》をうやうやしく置くと、台所側にある新婚の二人の房に茣蓙を敷き、ヨメの手を

布団を敷き並べた寝床に入る新郎新婦（トゥアンザオ県）

引いて、その茣蓙の上に跪かせる。それから新郎新婦の幸福のために祈願の言葉を唱える。彼女らは、ヨメの髪をほどいてうなじの後ろに垂れ下がらせ、櫛で上から下にときおろしつけ髪を固定すると、今度は下から頭のてっぺんに向けて髷を結い上げ、かんざしを挿す。同時に「これで夫のために髷を結いました（*cà nị lụk cảu xú phua*）」と、夫婦になったことを宣言する。この儀式で、新婦はしばしば涙の雨を降らせる。幸せをかみしめると同時に、過ぎ去る青春を惜しむからである。

そのあと女性二人は客間側に新しい敷き布団、掛け布団、枕を敷いて寝床を整え、新郎新婦の寝床同士を近づける。新婚夫婦の房に蚊帳を吊り、房の入り口のカーテンをおろす。このしつらえが済むと、女性二人はムコの手を引き、ヨメの手も引き客間側に連れていき房の中、カーテンの中へと二人を促す。房の外では人々が二人の幸せを祝い、歓声を上げる。「入房」の儀式はしばしばこれだけで、翌朝行われる婚礼の諸手続の準備に取りかかる。

＜５＞「婚姻の祝いあげ（*tánh đong khửn*）」

「婚姻の祝いあげ」とは、ムコの家の親族が組織した男女の仲介人たちの一団が、ムコを連れてヨメの家を訪れて行う謝礼の儀である。ムコは労働奉仕をして仕えることを請い、妻になる人を生み育ててくれた義父母の高恩を謝し、ヨメにして幸せにすることを約束する。ヨメはこの時をもっ

婚礼の朝、ムコたちが婚資を運んでくる（トゥアンザオ県）

てアーイ・ノンたちと離れ、ルン・ターとニン・サオの間を取り結ぶ主役へと役割を変える。

ムコがヨメの父への恩に報いるために、ヨメの家で生産労働の奉仕に尽力するのが、ムコ入り（*dú khươi* または *dệt khươi*）の習俗で、これは現在でも行われている。

「婚姻の祝いあげ」の儀式の本質は両家だけに関わるものだが、風俗習慣にしたがって双方の家族が村人たち、友人たち、両家の父母の三族らすべてを招いて行われる。「婚姻の祝いあげ」の日が村全体の祝日となることはいうまでもない。

このときムコと仲介人たちが先導し、ムコの家の一団が「話をつけて、値をつけるしきたり」で合意された結納品を持参してヨメの家を訪れ、ヨメの父にうやうやしく献上する。加えて大量の米、壺酒、蒸留酒をもっていくのは、カップルと両家の幸せを祝う宴に供するためである。

ヨメ側も自分たちが依頼した仲介人の男女を通して、ムコ側の親族から結納品を受け取り、ムコを受け入れる。ヨメ側の三族内の親族や親戚によって、婚礼の儀式通りに結納品とムコは受け入れられる。かつては、ヨメ側の男性仲介人も婦人たちも、ムコ側の一団を「道で迎える（*đón tãng*）」のが習慣であった。

やってきたムコの一団はまず歌の調子で問いかける。するとヨメ側は、「うちに入ろうったって、誰も扉を開けやしないよ」などとからかう。ムコの一団が無理に扉から入ろうとすると、ヨメ側は泥水をかける。ムコの一団は謙虚にうやうやしく歌で問いかけながら、入れてくれるよう頼む。双方歌うのをやめてから、ヨメ側はムコの一団に水鉄砲（*cỏng kxít*）で泥水を噴きかけて、はやしたてて愚弄する。ムコの一団はひるまず汚水を籠でかわしながら、すばやく家の梯子の下へと走る。

一息おいてから、女性仲介人が唱歌してヨメの家を褒め、ムコとその一団が梯子をのぼる許しを請う。ヨメ側の女性仲介人は「家に主人はいないし、今は禁忌の最中だ」と歌って断る。いくら言葉で訴えても、問答歌をかわしても、ヨメの家はいっこうに納得しない。とうとうムコの一団はムコを連れて強引に家の梯子を上がる。床上に上がってしまうと、ヨメの両親が親族とともに彼らを喜び迎え、みな和して座を一つにする。

こうしてムコ側の男女の仲介人は、ヨメの親族とゆっくり談笑する。ムコも、ムコの家の一団も、祖先に祈祷するためのごちそうと宴会のごちそうの準備を手伝い、ヨメの親族と顔合わせを行う。

・魂魄に祈祷し、祖先に祈祷し、結納を納める

儀礼のごちそうが「家霊の間」と家の中央に供えられる。中央には、布と銀を含む結納品を入れた笊を置く。もし妻の父への恩に報いて一部をすでに納めていたら、その分は「話をつけて、値をつけるしきたり」の話し合いで決まっている総額から差し引かれる。

中央の盆には結納品、「等しくいっぱいの竹筒」12個ぴったりが置かれる。それから、ブタの頭、酒杯、酒瓶、ビンロウジとキンマの皿、おこわをくるんだ包みが載った盆がくる。ブタの頭と結納品が載った盆のそばには、ヨメの父母と親族の上着を入れた笊を置くが、このときヨメの服が不十分であってはならない。しきたり通り儀式の配膳が終わると、祈祷師が「家霊の間」に入り、魂魄への祈祷、祖先への祈祷を行う（*xển phi hưỡn*）。

ヨメはすでにニン・サオ側に属しているが、彼女の魂とタイ・ホという護符（*tạy ho*）はもとのアーイ・ノンのところにとどまったままである。つまり、この段階で実は、まだ妻は夫方の父系集団に完全に移行したわけではない。妻が自分の父母が属する父系集団への所属を完全に断つ儀礼

中央にしつらえた祭壇に米、卵、浮き織り布などをそなえ、妻方の女性親族が結婚の挨拶をしている（トゥアンザオ県　二〇〇三年）

は、結婚後何十年も経ってから行う。

・壷酒を飲む祝宴

裏方の人たちはまず「大宴卓（*pãn khẩu luông*）」を置き、それから「小宴卓（*pãn khẩu nọi*）」をいくつか並べる。大宴卓にはヨメ側の三族、村の長老や役職者をもてなす。小宴卓はムコ側の親族や未婚の若者たちのために供される。どれだけたくさんごちそうを出すかはその家の莫蓙の長さ次第で、人数に決まりはない。

宴席が準備されている間に、ムコ側の仲介人がヨメ側の親族に壷酒をすすめる。宴席が整ったところで、ムコの家族が大きな酒壷にストローの茎を７本、小さな酒壷にストローの茎を５本さしこむ。大きな酒壷はヨメの親族、村の長老、役職者たちのため、小さな酒壷はムコの親族や隣近所の人たちのためである。

酒壷ごとに酒係（*cóng lẩu*）が一人いる。彼は先端から水が漏れるよう錐穴を開けた牛か水牛の角をもっている。全員がストローを引き下ろし酒を飲む準備がおわるのを待ち、酒係は角で水をすくい、壷の口まで満タンにする。酒係が壷の水位でどこまで飲ませるかを決め、もしそこまで飲めなかったら、罰としてさらに飲ませる。酒係は立って招き歌（*mời lẩu*）を歌い、手の指で角の先から壷に流し込む水の量を調節し、人々はそれに

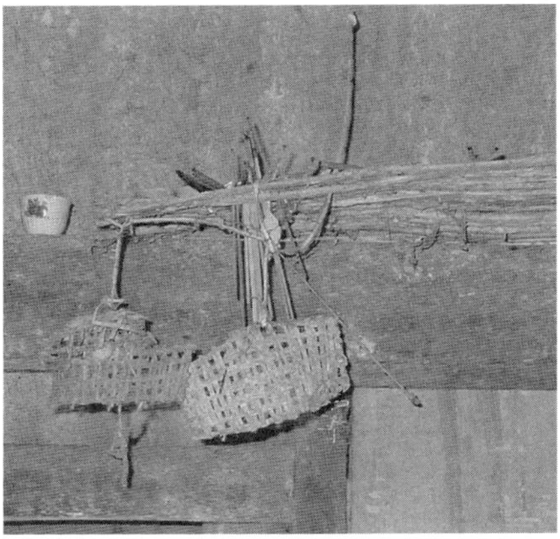

タイ・ホは女性の護符で、女の子が生まれると台所側の桁に吊す。籠状なのは、女性の子宮のシンボルだろうか［Cầm Trọng 1978: 208-209］。男の子が生まれた場合は、男性の護符タイを「家霊の間」に吊すが、この習慣は多くの地域ですでに廃れている（イエンバイ省ギアロ　二〇〇四年）

合わせてストローを引き下ろして飲む。婚礼の参加者は老若男女関係なく最低3回は、ストローの順番が回ってくる。酒係は毎回、大きな声で「ここまで（*khát*）！」とストップをかける。人々は歓びとお祝いの言葉を口にしあい、和気藹々と楽しむ。

宴席の準備が整い、壷酒の興が落ち着くと、ヨメの両親と双方の仲介人が、席次にしたがって人々を座につかせる。客間側の半分が上座で、ヨメ側の親族、長老、役職者が序列順にすわり、ヨメの父は中程にすわる。

宴席を設けるヨメの父母が主催者として「家の主（*chẩu hưỡn*）」と呼ばれる。いっぽう、下座にムコの親族がすわり、その代表である仲介人男性が「酒の主（*chẩu lẩu*）」と呼ばれる。諺にあるとおり、「家の主が食をすすめ、酒の主が酒をすすめる（*chẩu hưỡn pã khẩu, chẩu lẩu pã kin*）」。台所側にも序列に応じて人々がご馳走を囲むが、こちらにはヨメの母と女性たちがすわる。このように小宴卓では、家族と社会の序列に応じて席次が明確なのである。

・ムコと付き添いがヨメ側の親族に跪拝する儀

全員が宴席に着くと、「ムコの一団（*chủm mú lụk khươi*）」と総称されるムコと付き添いたちは、ムコ側の仲介人に導かれ横一列に並び、大宴卓にむかって厳かに手を合わせ、ルン・ターや役職者たちへ平伏する儀をおこ

婚礼の宴会。「客間側」に男性が座る

婚礼の宴会。「台所側」に女性が座る。手前の方が上座

なう。まず、仲介人が高らかに声をあげ、ムコ入りの許諾を求め、その後ムコの一団全員が跪き平伏して一礼する。引き続き、仲介人が15分から20分かけて「恋のはぐくみ（*cái puổng hặc puổng chaư*）」を唱する。これには参席者全員が耳を傾ける。それが済むと、仲介人はムコの一団に、ルン・ターや役職者たちに平伏して五礼させる。今度はヨメ側の仲介人が立ち上がり、「恋の成就（*cái tãng hặc tãng chaư*）」を高らかに歌い応じる。すると、ムコの仲介人はムコの一団に礼をさせる。

ムコになる者は、ヨメ側の親族に平伏して七礼する。七礼の習慣は、自分を中心として上下３代の父系親族を意味するヴァー・チェット・チャン

ムコ側の仲介人がヨメ側の親族に挨拶をしているところ。現在は歌を歌わず、挨拶報告である（トゥアンザオ県　一九九八年）

[【☞ 1 講】] の親族範疇と関係があると思われる。

・結婚の祝福

ムコをヨメ側の親族に礼をさせる儀式によって両親族が結束すると、家の主と酒の主が場を盛り上げ、新婚の夫婦を祝福する。婚姻の宴会に通底する特徴は、厳格な「飲み方」にしたがって酒を楽しむことである。自分の杯は飲み干すしきたりであるが、酔うと嘲笑される。飲み過ぎは非難され、叱責される。酔っ払いはよそに連れて行って休ませる。

儀礼における酒の飲み方には二通りある。一つは、酒の主がもてなす場合である。言祝《ことほ》ぎし、誰かが歌を一曲披露するたびに、ごちそうをはさんですわっている２列の者が上座から下座までそろって乾杯しあい、飲み干す場合である。この飲み方を「行く酒（*lảu pay*）」と呼ぶ。二つめは、誰かを祝福して飲む「対の酒（*lảu đôi*）」である。婚姻の宴会では、ムコ側の親族の誰かが「対の酒」をまずヨメの祖父にすすめ、ヨメ側の親族のメンバーを順番にまわる。そのあと各長老、役職者たちへと「対の酒」が回る。宴会では何かの罰として「対の酒」を課してはふざけあい、一体感を高めるのである。宴会の盛り上がりが頂点に達したころ、民歌の名手がひとり（しばしば男性）立ち上がって歌を披露し、みなそれに拍子を打つ。このときしばしば最初に歌われるのが『ソン・チュー・ソン・サオ』

である。引き続き男女で『ムコとヨメをたたえる歌（*khắp xưng pạu xưng khươi*）』を歌ったあと、ムコ側の代表が男性の歌を、ヨメ側の代表が女性の歌を歌い合う。歌合戦が始まると、客間側と台所側では銅鑼と太鼓を調子に合わせて打ち鳴らし、踊りも始まる。夜も宴会は続く。

＜６＞「最初の食事（*ngài hua*）」と「家の床踏み（*nhằm tát hườn*）」

翌朝、食事を準備し、「最初の食事」の準備に取りかかる。「最初の食事」と呼ばれるのは、新婚夫婦による初めての食事だからである。食卓を囲む人みなが喜びを口にし、歌を歌うと、ムコの男性仲介人とムコの付き添いが、ヨメの父母と親族にムコの父母の家への訪問を促す。この訪問を「家の床踏み」という。ヨメは濃紺に染められた礼服の長衣をまとい、ピョウという頭衣をかぶり、ムコの仲介人に従ってヨメの仲介人と付き添いとともに家を出る。

夫の父母の家の梯子の下には二人の女性が待っている。彼女らは浮き織り布でヨメの頭を覆って隠し、ヨメの手を引いて梯子を上がる。家に上がると、ヨメは浮き織り布を取り払い、家の床にじかに腰を下ろし、両手を合わせて夫の両親や親族に礼をする。夫の母がヨメの手を取って立ち上がらせ、客間側まで手を引いていって休ませる。ここでもまた大宴会が開催される。壷酒のふたが開き、蒸留酒が注がれ、家の主、酒の主がニン・サオ、ルン・ター、長老、役職者をもてなし興をきわめる。ヨメの仲介人が「ヨメの一団」とともに、おきまりの「ヨメを送り迎える（*xống pạu tỏn nãng*）」を歌うと、ムコの仲介人も「ヨメを受け入れる（*hặp pạu hặp nãng*）」歌で応じる。ヨメの一団も床にじかに腰を下ろし、両手を合わせ、夫の父母とアーイ・ノンたちに７回礼をする。ヨメを迎える宴会も催されるが、宴会の様子はヨメの家で行われたのとほぼ同じである。そのまま新婚夫婦は10日くらい夫の家にとどまり、その後ヨメの家にもどって花婿奉仕が始まる。

＜７＞花婿奉仕（*khươi mĩa*）

古いしきたりでは、平民出自の家では、花婿奉仕の期間が８年であった。貴族出自の妻をめとるなら12年であった。男性にとっては、最もつ

伝統的な礼服の長衣を来て、頭衣ピョウを被った年配女性。現在、儀礼でもこの衣装を身につける人は珍しい（トゥアンザオ県　一九九九年）

女性が天びん棒で担いでいるのがブン（トゥアンザオ県　一九九八）

らい期間であった。1954年以前、ムコ入りは忍耐と同義であった。年がら年中１日も休まずがんばらなくてはならず、夜なべをして、朝は早くから妻の両親のための労働にくたびれはてた。花婿奉仕の期間は、おなじ村の男として一人前になれるよう修養と鍛錬に尽くす期間でもあった。３年もつとめると、仲介人をまねいて「対の酒とニワトリ」で宴会を催し、ヨメを自分の家に迎え入れることを求める儀をおこなった。ヨメの家族が承諾すると、残りの期間（５年か９年）の「借りはもちかえる」ことにして、毎年少しずつ妻の家族に借りを返す約束をした。この場合、一年に最低でブン（bung）という米籠３担ぎを５回（合計約450kg）おさめる。すなわち５年で籾2250kgになる。ブン５担ぎを５回（約750kg）以上も要求をする家族はまずなかった。

話し合いでどのように決まったとしても、慣例としてヨメの家族は催促などの要求をしない。だから、最初の年にムコ側の家族は米籠３担ぎから６担ぎくらいずつ持って行くだけで、実際には残りの年はおさめなかった。

＜８＞「婚姻の祝いおろし（*tánh đong lỗng*）」

花婿奉仕の期間が終了するときには、新郎側が良い月の吉日を選び、米、肉、酒を準備し、仲介人を使わしてヨメを迎え入れる「婚姻の祝いおろし」の儀を開催する。これを「家にもどる（*mã hưỡn*）」と呼ぶ。

花婿奉仕の期間中に、妻としてヨメは新しく家庭を築くために、木綿、糸、織物、絹糸をたくさん作っておく。衣服と、寝所のしつらえに必要な掛け布団、敷き布団、枕、カーテンなど、夫、子ども、家に来る客たちがつかう染織物を、このとき、夫の家族への贈り物として持参する。染織物は、自分たちが生きている間に使う量だけを考えて準備すればいいのではなく、死後に残すことも考えてたくさん準備する。これが村で一家を構えるための重要な手順の一つである。

夫の家に足を踏み入れるとき、通常ヨメが持参するのは次のものである。夫の両親に対しては黒い礼服一式、黒い布１尋、頭衣１枚、掛け布団と敷き布団２枚ずつ、枕一対である。夫の父の兄弟一人一人には枕の表の装飾一対とハンカチ（*khăn mỗn*）一対である。

妻が持参する嫁入り道具は、以下の通りである。家族の財産を作りあげる「四物」、すなわち、銅鍋、投網の足、鉈、銃身に加え、大小の鉢、皿、茶碗など陶磁器、スイギュウ、雌ブタ、メンドリなど家畜を使用するための道具、種籾やワタの種子などブンの米籠５担ぎ分の種子類である。すなわち「ルン・ターが種子、タケノコ、芽をニン・サオにもたらす（*lũng ta au chựa, au phẵn, au nó au ta hẩư nhĩnh xao*）」という諺の示すとおり、妻方親族が夫方親族の発展をもたらすのである。かつて富貴な家の場合には、ムコのためにウマの鞍と手綱も持参した。

準備が完了すると、父母とおなじアーイ・ノンの親族が、ヨメを新しい女主人として迎え入れる宴会を開催する。父母や各位に跪拝する儀が済んで、ヨメははじめて台所側を仕切る主婦としての立場が確立する。祝宴の中で男性陣と女性陣は即興歌で応答しあい、客間側でも台所側でも人々は手を取り合って、円舞する。銅鑼や太鼓も打ち鳴らし、にぎやかにもりあがる。村をあげて一つの家族、新しい家の誕生を祝うのである。

II　今日の婚姻

上述のような過程で行われる婚姻は、今日ではめずらしい。多くの過程が簡略化され、現在では以下の三つの儀式のみが継承されている［Cầm Trọng 2005: 112-113］。

1）夫側の家族が仲介人をたて、「求婚の儀（*bay mĩa*）」として小宴会を催す。宴会の規模は「対の酒とニワトリ」程度と言われているが、実際には盛大であればある方がいい。

2）正式の婚礼（これは今でも夫側の家族により開催）として、次の儀式を行う。ムコ側からヨメ側への婚資（布、銀、金銭、「等しくいっぱいの竹筒」など）とともにムコの仲介人がムコを連れてあらわれ、「大宴卓」の前でヨメ側の親族と村の重鎮に跪拝する礼を行い、祝宴を催す。このとき太鼓や銅鑼の音頭に合わせて踊りを舞い、即興歌を応答し合う。花婿奉仕は３年もすることはなく、妻を連れて夫は家にもどる。

3）「婚姻の祝いおろし」を行い、夫の家にヨメを迎え入れる。古い形式にこだわる女性だと、夫の家族のために織り上げた染織物をたくさん持参するが、贈り物がほとんどない場合もある。贈り物がないのはしきたりに反すると批判する人がいなくなれば、贈与の慣行も廃れていくだろう。

Ａ村においてこの10年くらいの間で行われた婚姻も、筆者が知る限り、ほぼこの３過程を中心に構成されている。かつての「婚姻の祝いあげ」を行った後、規定では花婿奉仕が始まるが、１年も奉仕すれば長い方である。徴兵に行ったり、最近では地方都市に建築労働などの出稼ぎに出て小銭を稼ぎ一定の金額をヨメ側に納めるのが、花婿奉仕に代替されることも多い。

3講：民間の宗教技能者

現在でもターイの村では、モ（*mo*）またはオン・モ（*ông mo*）と呼ばれる宗教技能者による祈祷、治療行為、呪術が行われている。広義のモ（オン・モ）は、宗教儀礼や呪術的行為を行う知識をもつ技能者の総称である。狭義では祖先祭祀を執行する祈祷師に限られる。この場合、その他の呪術や治療行為を行う技能者はモット（*một*）として区別される。

民間の宗教技能者、すなわち広義のモは「ポー・モット・メー・モ（*pò một mè mo*）」と「ポー・ズオン・メー・モー（*pò dượng mè mõ*）」の２つに分類される。その技能と役割を以下に記す[1]。

I　ポー・モット・メー・モ

儀礼祭祀の執行と薬の調合によって、健康状態の改善や運勢の回復を行ったり、悪霊を退散させる（*chót da*）技能を持つのがポー・モット・メー・モである。そのうち、主に亡くなった父系親族の祖霊として親族と家族を守護してくれる家霊（*phi hưỡn*）と、各人の身体各所に宿っている魂魄コアン（*khoăn, khuôn*）などに関する儀礼と祈祷を執行する祈祷師が狭義のモであり、それ以外の精霊に関する儀礼を執行する呪術師がモットである。モットは、モット・ラーオ（*một lão*）とモット・ニン（*một nhĩnh*）にわかれる。

カム・チョンの教示に従うと、モット・ラーオは、ラオスの仏僧のように悪霊を屈服させ、退散させるモン（*mỗn*）と呼ばれる宗教行為を行うモットである。いっぽうモンを行わない女性のモットをモット・ニンと呼ぶ。ポー・モット・メー・モに分類される技能者たちの役割は以下の通りである。

・モ：村にいる民間の祈祷師である。各父系親族集団の父系祖先を祀る「家霊祭（*xên hưỡn*）」や、1950年代まで行われていた村祭りとしての「セン・バーン（*xên bản*）」で、村の守護霊や親族ごとの父系祖先に祈祷

モット・ニンとモット・ラーオが祈祷しているところ

モット・ニンが祈祷を行うときの装束

する。

・モット・ラーオ：治療儀礼、魂魄の状態を回復させる儀礼（*panh khoăn, tăm khoăn*）と祈祷を行う男性呪術師。

・モット・ニン［モット・アー・ニー（*một ă nĩ*）とも呼ぶ］：治療儀礼、魂魄の回復儀礼などを行う女性呪術師。

・モット・ピー（*một pí*）：頭衣を巻き、吹き鳴らす笛の音を通じて精霊とコミュニケーションを取る呪術師で、モット・ニン、モット・ラーオとともに呪術を行うことが多い。

このほか、1954年にベトナム民主共和国下における社会主義化とともに姿を消したが、それ以前の伝統的政治体制の中で立法機関としての「礼部」に属する宗教役職者であったモ・ムオン（*mo mưỡng*）、ナーン・モット・ムオン（*nãng một mưỡng*）も、ポー・モット・メー・モに含まれる。モ・ムオンはくにの共同体儀礼を執行し、首領の家霊と魂の安寧を司る男性祈祷師で、ナーン・モット・ムオンもくにと首領の家霊への儀礼執行を担当し、読本、唱歌を通じて祈祷する女性呪術師であった。

なお、A村の1942年生まれの男性によると、1950年代以前ではトゥアンザオでも首領一族の祖霊を祀り、くにの守護霊祭祀としてのセン・ムオン（*xên mưỡng*）が行われ、くにの安寧と発展を祈願した。これを執行したのがモ・ムオンであった。祭礼では、首領の館があった中心村チエン・

ズオン・スーアをするモット・ニン

チュン（bản Chiềng Chung）に近いカー川（*Nặm Cá*）、コー川（*Nặm Cô*）の合流点の川原てスイギュウ牛供犠を行い、住民たちは労働を休み、踊りや遊びにうち興じた。

II　ポー・ズオン・メー・モー

ズオン・スーア（*dượng xửa*）とは、治療儀礼の一つである。病人の衣服を丸めて片手に吊るしてもち、この丸めた衣服を病人に宿っている精霊とのコミュニケーションの窓口として、問いかけ、祈祷しながら、病気の対処法を探る儀礼である。またクアッ・サイ（*cướk xáy*）は、呪文を吹きかけた鶏卵で病人の患部を直接なでて治療する治療儀礼で、最後に卵を割ると、中の白身と黄身が病気の源を吸い込んで真っ黒に汚れて出てくることさえある。さらには筮竹《ぜいちく》を用いた数占いなどのさまざまな呪術を行う［樫永 2009：249-253］。

注

1　以下の記述は、[樫永 2009：249-253] を一部加筆修正。

4講：ターイ暦とパップ・ム（暦書）

I ターイ暦とその新年

月に関して、ターイ暦は中国やベトナムの陰暦と6ヶ月ずれていた。たとえばターイ暦1月1日は陰暦7月1日に相当する。ダン・ギエム・ヴァン（Đặng Nghiêm Vạn）は、ターイ暦は11～13世紀のパガン朝ビルマにおける暦と関連があるというが、筆者は未確認である。

ターイ暦1月、2月にはカム・サイン（*cằm xãnh*）と呼ばれる禁忌の日があった。1月は「甲の日」と「庚の日」、2月は「乙の日」と「丙の日」であった。つまり10日のうち2日がカム・サインにあたり、性交や労働が禁じられた。男性の狩猟、女性の機織り、天秤棒で水などを担ぐことなども禁じられた。1954年以前にはカム・サインの禁忌はどこの村でも一般的であった。この日には役職者オン・ラム・ポン（*ông làm pọng*）が、吊し太鼓を打ち鳴らす従者たちをしたがえ、禁忌を知らせて歩いたという。この禁忌の習慣はすでに廃れている。

さらに「己の日」には、「家霊の間」を掃き清め、数つがいのコオロギを入れた籠、袋や衣服、米の包み、魚の包みなどをお供えする習慣もあった。コオロギはスイギュウのシンボルである。この日、スイギュウは天上世界の田畑を耕作しているので、地上の耕作は休みである。コオロギが鳴き始めるのを待って家族は就寝した。コオロギの鳴き声を聞いて、天上にいる亡くなった祖父母の平安を知ったのである。

カム・サインの日の祈祷の文句は次のようであった。

年のはじめのよき月の、一月二月は首領《くにおさ》にもカム・サインの禁忌あり。
水はくまず、薪はとらず、山には入らず、糸は紡がず。
女があおむけ、男がうつぶせに和合すべからず。
よきくにの、よき禁忌にならうべし[1]。

ターイ暦2月頃には早稲の実りを祝って食べて、3月頃に父系祖先を祀る家霊祭を行った。4月にはいる頃が米の収穫である。

II 暦書『パップ・ム（*pặp mự*）』

ターイは『パップ・ム』という暦書を伝えていて、年月月日、時間の吉凶などを占うのに用いられる。この文書は、主に以下の三つの目的で用いられる。

1）十二支と十干に基づいて、年月日と時間ごとの性格を知る。

十干は中越の陰暦に相当する（[] 内はベトナム語）。

甲（*cáp*）[giáp]・ 乙（*hặp*）[ất]・ 丙（*hãi*）[bính]・ 丁（*mỡng*）[đinh]・戊（*pớc*）[mậu]・己（*cắt*）[kỷ]・庚（*khốt*）[canh]・辛（*huộng*）[tân]・壬（*táu*）[nhâm]・癸（*cá*）[quý]

十二支は日と時間を示すが、陰暦に相当する。

子（*chảư*）[tí]・丑（*pảu*）[sửu]・寅（*nhí*）[dần]・卯（*mảu*）[mã]・辰（*xi*）[thìn]・巳（*xảu*）[tị]・午（*xngạ*）[ngọ]・未（*một*）[mùio]・申（*xăn*）[thân]・酉（*hậu*）[dậu]・戌（*mệt*）[tuất]・亥（*cạư*）[hợi]

時間を示す場合、子の刻はだいたい夜11時から深夜1時頃で、以下、日本と同じである。

とくに日時を示す際には、日文字（*tô mự*）と呼ばれる独特な記号も用いられる。

2）各人の運勢を占う。

この文書を用いて各人は、チョン・バン（*chõng bang*）すなわち、ある年、ある月、ある日、ある時間の運勢を知ることができる。『ソー・チョン・バン（*xổ chõng bang*）』という呼ばれるチョン・バンを記したノートがあり、他人に自分のチョン・バンを知られて悪用されないように、かつては注意を払った。『パップ・ム』は『ソー・チョン・バン』の内容も含む。

『パップ・ム』は図像表現に満ちている

十二支を示す日文字（上から「子、丑、寅……」の順）

3）年月月日と時間の吉凶、年ごとの気候の良し悪しを占うため。すべての日が、運勢に応じて以下の12のいずれかに分類されている。

1, ハップ・ケッ（*hặp khék*）［客をむかえる］：吉でも凶でもなし。いつも懐の深いところを見せて、いつどこから客が訪れてもいい準備を整えておくべし。

2, ハップ・サイ（*hặp xảy*）［病をむかえる］：大凶。大仕事、非日常的なこと、遠出などは控えるべし。

3, ハップ・タイ（*hặp tai*）［死をむかえる］：大凶。すべてを控えるべし。

4, ヴォン・ヴァイ・チャウ（*vôn vai chẳu*）［心を乱される］：吉でも凶でもなし。心を乱されそうな交流は極力避けるべし。

5, トック・チャウ・シア（*tốc chẳu xia*）［害される］：小凶。過ぎ去るまで害に耐えるほかなし。

6, パッ・ペ（*pák pẹ*）［話し勝る］：吉ではないが、大凶でもなし。他人を打ち負かしても、悪評が立たないよう注意すべし。

7, ケー・トック（*kẻ tốc*）［脱ぎおろす］：吉。まとわりつくものを取り去ることができる。

8, トック・サウ（*tốc xáu*）［他人を落とす］：自分には吉だが、他人には凶。自慢、驕慢は避けるべし。

9, カウ・コン（*cảu cong*）：未亡人やすてられた妻を意味するので、とくに女性には大凶。

10, ホン・フム（*hong phữm*）：女やもめを意味し、筬《おさ》がどこかに行って、どこにあるかもわからないから、機織りはやめた方がいい。とくに女性には大凶である。

11, タン・ルム・ハウ（*tan lữm hảư*）［他人は忘れている］：吉でも凶でもなし。結果はともあれ、試みるべし。

12, ファウ・サン・ディー（*pháu xang đi*）［望みがすべて叶う］：大吉。

各日の運勢をもっと詳しく知りたければ、上記の分類だけでなく、占いたい人の生年月日と時間（すべて十二支と十干）を照合させる必要がある。

『パップ・ム』には、1年の晴雨のような天候も記されている。毎年の龍の出現状況から、晴雨と気候状態を知ることができる。通常、龍が1、3、5、7など奇数と関連して出現すると、雨が晴れより多い。龍はいつも連れ合いを求めて雨を引き起こすからである。逆に偶数だと日照りになる。龍には連れ合いがいて満足しているから、安らいでいて雨を引き起こす必要がないからである。

『パップ・ム』の専門家は鑑識眼と判断力にすぐれているため、社会的尊敬を集めている。男性専門家はポー・ム（*pò mự*）、女性専門家はメー・ヴェン（*mè vễn*）と呼ばれる［Cầm Trọng và Phan Hữu Dật 1995: 392-398］。

現在でも、各地の黒タイ村落で『パップ・ム』は見ることができる。ただしA村には、1970年代に学習ノートにボールペンで書写された写本が1冊あるだけである。しかも伝統的な形態の文書よりも明らかに分量も内容も薄い。抜粋だからである。当時、迷信異端の書を保持していると党員から批判されるのを恐れた保持者が、原本を廃棄したせいである。とはいえ現在でも婚姻、家の新築祝い、出立、田植えや収穫、その他各種儀礼を行う際には、『パップ・ム』を保持している専門家や祈祷師を訪ねて、日取りを選んでもらっている。評判のいい人を他村まで訪ねることもある。『パップ・ム』は文字のみならず、記号と図像表現に満ちている。これを読むことは，文字、記号、図表を総合的に解読することである［樫永

2011：9-10]。

注

1 *Bươn đi pi máư, bươn chiêng tạo cằm thí, bươm nhí tạo cằm xãnh, báu đảy tắc nặm au lúa, báu đảy khảu pá qùa đông, báu bít nãy báu quay lai, phủ nhĩnh báu đảy nõn hai, phủ chãi báu đảy nõn khuổm, tễnh mưỡng đi hảư cằm đi cằm pọm lễ nỡ!*

5講：ミン、ネン、コーの霊的概念

歌中にミン（*mĩnh*）、ネン（*nẽn*）という霊的概念が表れるため、カム・チョンの解説［Cầm Trọng và Phan Hữu Dạt 1995: 410-415］を参照し、ターイ（黒タイ）の人々が、各人の人生や恋愛の縁をこれらの概念とコーの概念との関わりからどのように理解しているのかを述べる。ただしことわっておかなくてはならない。以下は、さまざまな歌謡や祈祷書の記述の分析に基づくカム・チョンによる観念的な見取り図であり、一般の村の人々がかならずしもこのように抽象化された理解を共有しているわけではない。

・ミン、ネンと個人の人生

ターイの宗教や信仰の中で、とりわけ魂（霊魂）を理解するのに重要なのは、ミン、ネン、コーという概念である。これら3概念は、霊魂のある存在空間に関するものである。ミンは「土台」として解釈可能で、地上空間の水平方向として形容され、ここに霊魂は存在している。ネンは「柱」である。頂にむかって伸びていて、直立方向として形容される。まるでタケノコが生えるみたいなので、「ネンのタケノコ（*nó nẽn*）」と称される。ネンのてっぺんにはサーイ・ネン（*xai nẽn*）という見えない糸が結ばれている。これが天上世界のテーン・バウ（*then bẩu*）の層にある、くねくね曲がった「ネンの鉤（*kho nẽn*）」に引っかかっている。観念的には、死とはネンの糸が切れ、ネンの鉤が落っこち、ネンのタケノコが倒れることである。

ミンとネンのこうした概念的特徴は、「ミンは並び、ネンは立つ（*mĩnh đa nẽn tẳng*）」という慣用句にあわれている。この慣用句には二つの意味がある。まず、宇宙に存在する霊魂概念の空間の二方向が表現されていることである。ミンとは「静」の空間であり、人間の霊魂を含む「地」として理解できる。いっぽうネンとは「動」の空間であり、あたかもタケノコが生えるように、生、縁（劫）、運、命を表現し、天と地、盛と衰、生と死を結びつける役割をもっているのである。一般的に、ターイは人生の浮き沈み、命運をネンを用いて、次の４通りに表現する。

1）健康であり、心が平穏で（良くも悪くない）、暮らしに変化がなく、取り立てて憂いがない状態を「ネンがある（*mĩ nẽn*）」という。
2）健康で、心理状態がよく、暮らしも上向きで、名も通っていることを「ネンが輝いている（*nẽn hùng*）」または「ネンが中で輝いている（*nẽn hùng nẽn xáư*）」という。
3）体が弱っていて、心理状態が悪く、暮らしに憂慮している状態を「ネンがかすんでいる（*nẽn xảu*）」という。
4）ふつうか、どちらかといえばかすんでいる状態だったのが、突然光を発して好転することを「ネンのタケノコが伸びる（*nó nẽn khửn bẳm*）」という。

・ミン、ネンと男女のめぐり合わせ

次に人生の浮き沈みのみならず、ミン、ネンの概念で、男女のめぐりあいの定めも表現される。男女が同時に愛し合う宿縁が、理想であり最上の幸福であることはいうまでもない。逆に愛情がないなら、夫婦の縁は完全に「ミンが並び、ネンが立つ」のに従うほかない。これがこの慣用句の二つ目の意味である。

この道理に従わないと、自分のネンを受け入れず、認めないことになる。ネンが立たないと、ネンは倒れ、魂が衰え、生きて存在するのが困難になる。二人がいくら愛しあっていたとしても、「ミンが並ばず、ネンが立っていない」ならば、まだ距離があるか、うまくいかないか、ミンとネンを捨てて魂を精霊の世界に放り出すかしかない。こういう心霊の状態では、結婚を申し込む決断などできもせず、愛情も夫婦の縁から遠ざかってしまう。夫婦とは「天（テーン）が差配する（*then đă phạ tánh*）」ものであり、つまり愛情は「めぐりあわせ（*lãng cỗn lãng mặc*）」による。

・天上で決まる夫婦の縁と、チューの間柄

霊魂世界はこのように観念されるので、妻以外の恋人を意味するチュー（*chụ*）という術語に独自のニュアンスが付加されている。歌謡にある叙情に溢れた以下の２文はあまりに有名である。

酸っぱいの十でも、グルゴーの酸っぱさには及ばない。
ネンが十でも、かつてのチューのネンには及ばない[1]。

男女の結婚の縁については、「ソー・チョン・バン」［【☞４講】］を参照する習慣があった。この本で、生まれた年月日と時間からカップルがうまくいくかいかないかがわかった。または天への祈祷を、女性呪術師モット[2]に頼む方法もある。モットが、間隔を開けて両端に置いた蜜蠟のろうそく２本に点火する。次に、美醜と幸不幸などを司る神格ネン・サーイ・ラー（*nẽn xai lả*）［別名：テーン・チャーン・テーン・ブン（*then chàng then bun*）］にカップルの宿縁がどうかを尋ねる。

これは各人の誕生と運勢がつぎのように理解されているからだ。まず、天上世界のメー・バウ・ズー・ムオン・バウ（*mè vạu dú mường bảu*）が、鋳型でこれから誕生する各人の素型を作る。ネン・サーイ・ラーが確認した後、母となる人の腹に宿り、子として誕生するのである。テーン・チャーンとテーン・ブンは実際には二つの神格であり、前者が人の肉体的精神的社会的な性格（*nẽn cỗn*）や夫婦の縁（*nẽn phua, nẽn mĩa*）などを決め、後者がその人の運勢（*nẽn bun*）を決めるのだという。

ろうそくが２本とも同じように燃えて、同じように消え、同じように明るかったら良縁だとされる。この場合「ネンとネンが添って立つ（*nẽn chỡng nẽn phanh*）」として、ともに消えることを「ネンが添う（*phanh nẽn*）」として表現する。二つの明かりのうち一方が大きく一方が弱い場合、一方が消えた場合、一方が先に燃え尽きた場合など、２本の燃え方が不揃いだったら、二人の縁には障害が立ちはだかるとされる。それでも二人が恋い焦がれあい、いかんともしがたい場合、結婚はあきらめるかわりにチューの間柄を選んだ。さもないと愛に目がくらんで、駆け落ちし、心中してしまう危険さえあるからである。

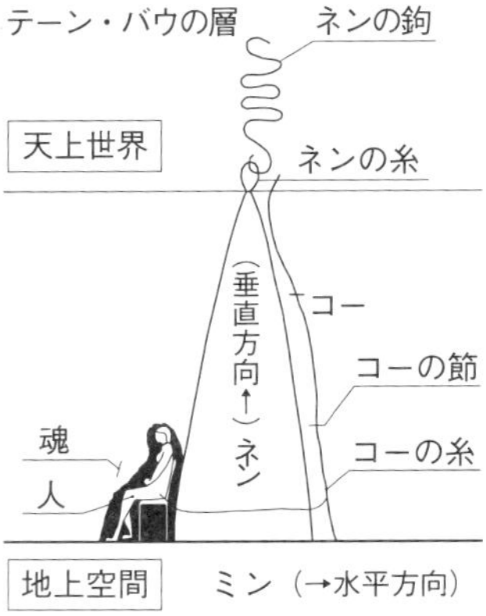

ミン、ネン、コーの概念（[Cầm Trọng và Phan Hữu Đạt 1995: 414] の図を一部加工）

・コーの概念

肉体には霊魂が存在する。ミン、ネンの霊魂世界は霊魂を通して肉体にはいりこんでいて、一人一人の一生でさまざまな出現の仕方をする。人の一生は地上から天上へと上る１本の糸のようであり、いくつもに分節されている。節ごとに、苦痛、疾病、禍福、哀楽、盛衰などの形をとってあらわれる。これら各一節がコー（*khớ*）またはコッ（*khọk*）と呼ばれる。コーのありように従って人は生きるが、これはいつ切れるかわからないくらいか細い１本の糸として理解されているので、コーの糸（*xai khớ*）と称される。コーに関連するような魂に祈祷する各儀礼の宴席で、かつて木綿糸をひっぱった。「コーの糸」を象徴しているからである。

注

1 【☞諺、慣用句】（318 行）

2 【☞３講】

6講：家屋建築と屋内の配置

・家屋の架構

現在でも専門の大工ではなく、村の男性たちが農閑期の共同作業として設計、建築、改築を行う。村人にとって建築作業が身近なせいだろうか、あるいは天井がない屋内では屋根裏まで架構の細部が見透かせるせいもあろうか、歌中には、家屋を構成するさまざまな柱が描写されている。

・身体を用いた長さの計測

現代ではメートル法も用いられているが、伝統的には家屋の各房の長さ、高さは、人体各部の長さを基準にした単位で決められる。次頁下図のような身体尺度が、単位として用いられてきた。

・家屋内の空間配置

黒タイの家屋内の配置はほぼ決まっている。性別や世代など役割に応じて昼と夜の居場所もある程度決まっている。歌中にもその常識を前提にした記述が登場するので、屋内の空間配置を175頁に示す。

・寝床作り

寝床は板敷きではなく、現在でも簀の子敷きの家が多い。まず大きな筵を敷く。さらにもう一枚茣蓙などを敷くこともある。床の振動をやわらげる意味もあるし、ノミやダニなどの害を避けるためでもある。敷き布団はその上に敷き、無地かチェックの薄い綿のシーツで覆う。人は枕に頭をのせ、掛け布団をかけて寝る。梁、桁から黒い蚊帳を吊るのは、蚊の害を避けるため、また必要に応じてプライベート空間を演出するためでもある。さらに寝所の入り口にカーテンをつるす。

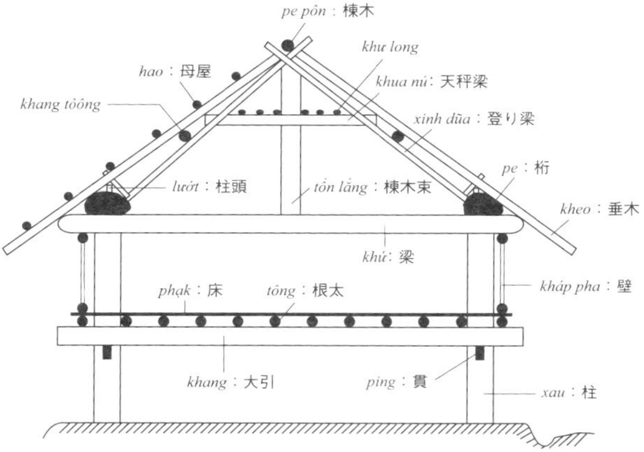

家屋の架構（[Nguyễn Khắc Tụng 1993: 185] の「Hình109」図に基づく。黒タイ語表記は一部修正）

伝統家屋の解体。架構が透けて見える

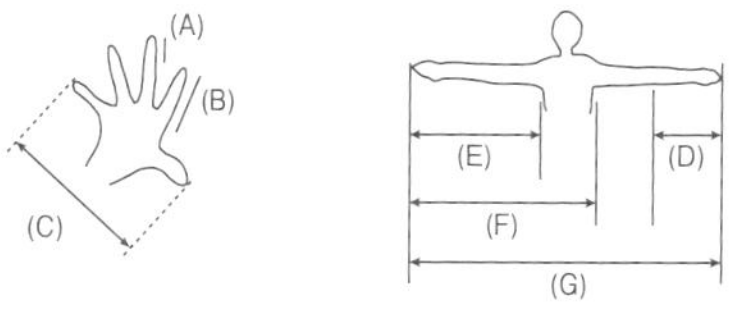

身体各部位を用いた長さの単位

(A) 指の一関節分の長さ：*cà khỏ* または *cà mữ*
(B) 指一本文の長さ：*cà nịu*。たとえば親指一本分は *cà nịu mè* のように、指ごとに言い方がある。
(C) てのひらを広げて、小指の先から親指の先までの長さ：*cà cựp*
(D) 尺（指先から肘まで）：*cà xók*
(E) 指先から脇までの長さ：*cà khen*
(F) 指先から反対側の脇までの長さ：*cà phượn*
(G) 尋（両手を広げて、一方の指先から反対側の指先まで）：*cà vã*

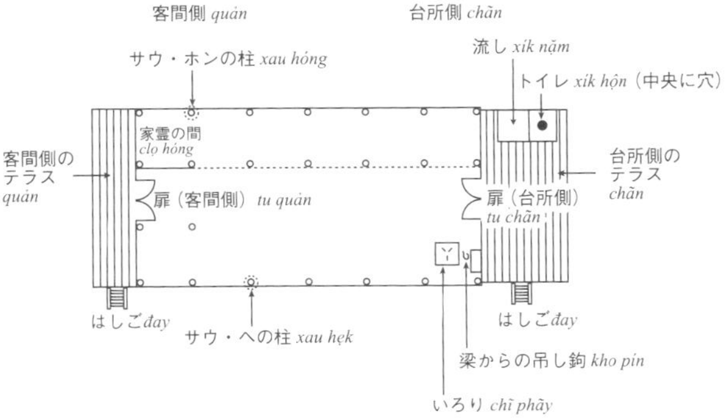

家屋の屋内配置図

囲炉裏の上に火棚（各種竹製品をここに保管したり、ここで燻製などをつくる）があり、左手には食器棚、右手には銅鍋もある

食器棚

「家霊の間」では、平民出自は十日に一度、貴族出自は五日に一度、祖先にお供えする

仕切りの左が「貴族の祭室」、右側が「家霊の間」
（ソンラー省トゥアンチャウ県　二〇〇二年）

寝所の様子。昼間は布団を上げている。上部の黒い布はまくり上げている蚊帳の一部

敷き布団に葦の穂をつめている
（トゥアンザオ県　一九九八年）

かけ布団に真綿をつめている
（トゥアンザオ県　二〇一〇年）

寝所の入り口に吊るカーテン
（ギアロ二〇〇〇年）

7講：家畜の飼育籠

各家屋の床下は、たきぎや農具などの保管や家畜飼育の場としてに用いられる。自転車やバイクもそこに置くことが多いが、最近は盗難を避けるため板などをはって床下を隠す家も増えている。

ニワトリとブタはどの世帯も飼育している。スイギュウは貧しい世帯では飼育できず、水田耕作に必要なときは近い親族のスイギュウを借りる。2000年以降は、現金収入を目的とした肉牛飼育も増えている。

アヒルも、どの家でも飼っているわけではない。アヒルの卵はニワトリのメンドリに孵させ、ヒナのうちはひよこと一緒に育てる。その後アヒルを分けて育てる。水田や池などの水場に連れていって餌をとらせたり、家へ連れて戻る必要があるので、就学前の子どもなど面倒をみてくれる人がいない世帯だと、飼うのが難しくなっている。

ニワトリやアヒルを飼うのには、しばしば竹や木の籠が用いられる。ロック（*lộc*）は木製の小屋、トゥム（*tum*）は竹へぎで編んだ籠で、広い口が上についている。いずれもアヒルやニワトリを飼うのに用いる。A村ではザーン（*dang*）がよく用いられているが、横長で上に小さい口のあるフオン（*huỗng*）、横長で端に口のあるコーン（*cỗng*）などもある。

ブタ小屋（トゥアンザオ県　二〇一一年）

鳥インフルエンザが流行して以来、ニワトリの飼育が減り、一部はウサギの飼育が普及した。ニワトリ小屋をウサギ小屋に流用している（トゥアンチャウ県　二〇〇七年）

ザーン・ペットというアヒル籠にアヒルを入れて、水辺に連れていく（トゥアンザオ県一九九九年）

ザーン・カイというニワトリ籠（トゥアンザオ県　一九九九年）

8講：水筒

現在使用されているのを筆者は見たことがないが、かつては水場に水汲みに行ったり、山野に労働にでかけるさいには竹やヒョウタンの水筒を用いた。

携帯用のヒョウタン製水筒がバン・ナム・タウ（*bắng nặm tảu*）、竹製のバン・ナム・パイン（*bắng nặm pánh*）であり、いずれも肩などに提げて運んだ。

水場から各家庭まで天秤棒で運ぶための水筒が、バン・ナム・ポン（*bắng nặm póng*）、小型のバン・ナム・トゥン（*bắng nặm tùng*）、大型のバン・ナム・ティン（*bắng nặm tĩnh*）である。これらの取っ手には、天秤棒に引っかける穴があいていた。

1980年代から、黒タイの各村にプラスチックのバケツやペットボトルなどが普及して竹製、ひょうたん製の水筒類は姿を消した。

各種水筒

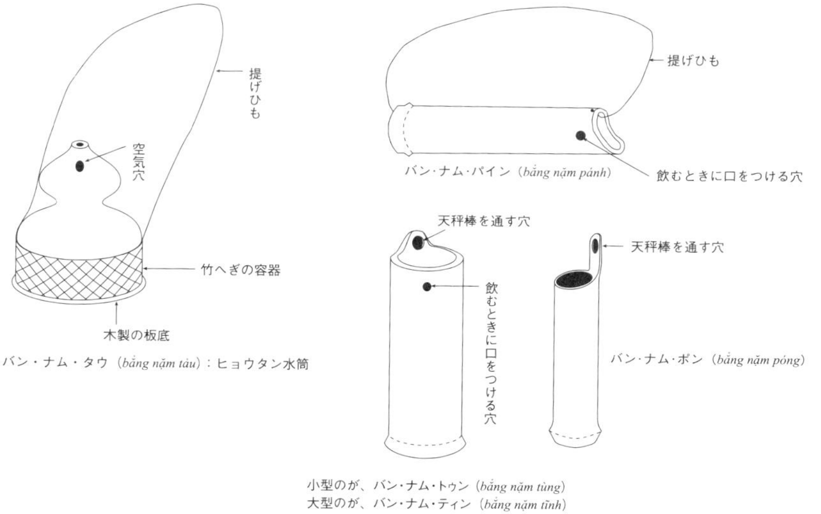

9講：布つくり

秋の水田の収穫が終わると、陰暦正月頃までが農閑期である。村の各世帯では、乾季であり農閑期であるこの時期に、結婚式、家の改築、染織物生産が盛んに行われる。とくに11月頃は湿度が低い晴天が多く、日干しが必要な糸作り、布作りに適している。

・綿布作り

A村の場合、1990年代から養蚕は急速に廃れ、2000年までに絹糸の自家生産はなくなった。2、3時間ごとに桑の葉を蚕にやらなくてはならず、世話がたいへんだからだという。しかし、養蚕がまったく行われていないわけではない。キャッサバの葉を食べる大型のエリ蚕飼育であり、幼虫、さなぎを食用として市場に売りに行くほか、はさみで切ってサナギを抜き取った後の繭は真綿の原料にするために農業局に売られる。したがって絹糸による機織りはすでになく、もっぱら木綿糸作りと、綿布の織りが自家消費のために行われるにすぎない。木綿糸作りも廃れつつあるが、綿布は「表1」の手順で行われている。

・筬

経糸の数に応じて、織機にセットされる筬は異なる。筬の櫛目の数に基づくロップ（*lốp*）という単位がある。1ロップとは40本の縦糸が収まる櫛目である。織機に筬通しする際には、ふつう櫛目一つに縦糸2本である。ロップ数に応じて筬の大きさ、呼び名も決まっている。たとえば5ロップの筬が「5の筬（*phừm hả*）」で、櫛目の数が100、縦糸200本の平織り布を織るのに用いる。また、6ロップの筬を「6の筬（*phừm hốc*）」と呼ぶ。「6の筬」だと120の櫛目があり240本の縦糸が通る。櫛目の幅は、糸の太さ、布の目のつめ具合によって異なる。なお、筬を作る技術を持つ人は1998年でA村にすでに二人しかいかった。筬は他の村の人から買うこともある。

表１：綿布作りのプロセス　　（1998 年、A 村での聞き取りに基づく）

工程	作業内容	黒タイ語	使用道具	作業者	備考
1	畑に綿花の種まき（3-4 月頃）	*púk phải*	掘り棒	男女	伝統的には、男が掘り棒で開けた穴に女が種を入れて土をかける。
2	綿花が開花（8-9 月）、その後綿の実を収穫	*kếp phải*		男女	
3	綿を干して乾かす	*ták phải*		女	
4	汚れた綿毛などを手で除去	*đứa phải*		男女	
5	綿繰り：種子と綿毛を分ける	*ỉu phải*	綿繰り機（*ỉu*）	男女	
6	綿打ち：綿毛をはじき、干して膨らませる	*lọ phải*	綿打ち弓（*pẻn lọ phải*）、綿打ち台（*mạy lọ phải*）	女	手間を取る作業なので、1980 年代から農閑期に水車小屋を作って行うのがふつうである。
7	篠巻（じんき）つくり：まな板の上で、綿毛を棒に巻き付ける	*tháp phải*		男女	
8	糸繰り：篠巻を糸にして、小さ糸巻きに取る	*pắn phải*	糸車（*nẫy*）	女	
9	ワク移し：小さい糸巻きから、糸を広げてまき直す	*pia phải*	ワク（*chuỗng pia*）カセ（*công pia*）	女	
10	糸を水につける	*tớp phải*		男女	
11	のり付け：おかゆ状の米汁に漬けて揉む	*nuột phải*		男女	
12	竿にかけて日干しして、打つ。	*dăng phải*		男女	
13	クダ移し：横糸を杼にセットするため、小さい糸巻き（クダ）に取り直す	*phiến phải*	カセ（*công quạng*）、クダ巻車（*chuỗng phiến*）	男女	
14	整経：織機に経糸（しばしば 40 尋）をセットする。	*khên húk*		女	
15	筬とおし：筬に糸を通す	*xứp húk*	筬（*phừm*）	女	
16	機を織る	*tắm húk*	織機（*kí*）	女	

「表1」工程6：水車小屋で綿打ち。手前から綿を差し込むと、打たれた綿が上からでて、下に不純物が落ちる（トゥアンザオ県一九九九年）

「表1」工程8：糸繰り（トゥアンザオ県一九九八年）

「表1」工程7：篠巻つくり（トゥアンザオ県　一九九八年）

「表1」工程9：ワク移し（トゥアンザオ県一九九八年）

「表1」工程12：のり付けした糸を日干し
（ラオカイ省タンウエン県　二〇〇四年）

「表1」工程13：杼の中にセットするクダに
横糸を巻く（トゥアンザオ県　一九九八年）

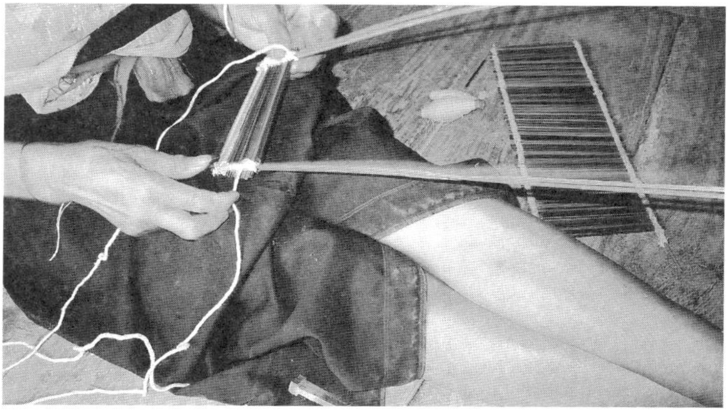

筬作り（トゥアンザオ県　一九九八年）

10講：遊興台と楽器

・現在は見られない遊興台

20世紀半ばまで、黒タイの村にはハン・クオン（*hạn khuốn*）と呼ばれる遊興台があったという。遊興台は高さ1～1.5メートルくらい、方形の舞台面積は20～30平方メートルの高床舞台だった。四辺は目の粗い竹垣で囲まれ、竹垣の中央に扉があり、3段の梯子を使って人が出入した。舞台中央には大きな囲炉裏があり、その横に長い大きな竹竿の飾りが立てられ、舞台の四隅にも竹竿が立て飾られていた（次頁上図参照）。これら竹飾りはラックサイ（*lắc xay*）と呼ばれ、四隅のラックサイが天の四方を、中央のラックサイは天宮の中央を、舞台の床が地を表象している［Trần Lê Văn 1987: 61］。

もっともカム・チョンの教示によると、サン・ボッ（*xăng bók*）（次頁下図参照）と呼ばれる竹飾りは舞台の一隅に一本たてられただけだという。なおサン・ボッは、現在でも新年の祝いなどで舞踊が披露される際にしばしば地面に立てられている。

夜になると、未婚の若者たちがここに集まり、女の子が糸紡ぎや綿繰りをし、若者は楽器を弾いたり歌ったりして遊んだ。管理と維持を若者たちに任せていたこの施設は、歌謡、踊り、楽器をはじめとするさまざまな知識と技能の継承の場であった。ゆえに、儀礼からは独立した庶民の芸能活動のシンボルと見なされてきた。『ソン・チュー・ソン・サオ』をはじめとして、たくさんの歌謡の中に遊興台は登場する。

この遊興台を今日まで伝えている村を筆者は知らない。1990年代以降、歌謡や踊りなどの伝統が各地で次々復興されているなかで、遊興台の復興は注目されていないようである。遊興台が消えた過去半世紀のあいだに、人口は激増し、村の数は何倍にも増えた、今ではかつての遊興台を記憶している人は少ないが、実際に遊興台がかつて、どこに、どれだけあったのか、社会生活でどのような役割を果たしていたのかなど詳細な調査が必要である。

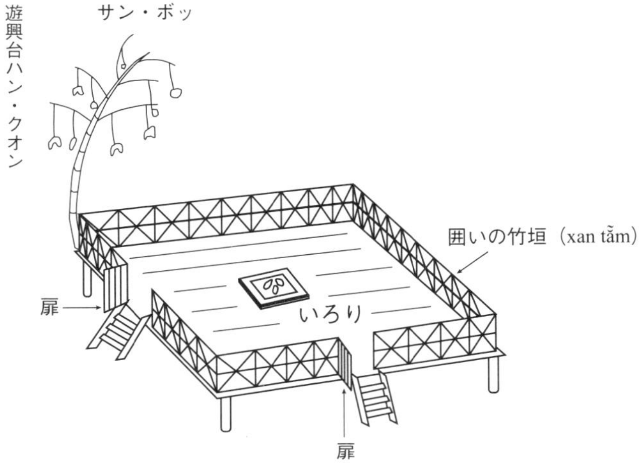

祭木サン・ボッの装飾：装飾には黒タイの世界観を示す以下のもの。[1]3段になったバナナの花、[2]神霊と人間を生じさせたという卵の箱、[3]人の霊魂を象徴するセミ、[4]動物や虫を生じさせたという丸い卵、[5]天の「陽」の世界を象徴する鳥、[6]水中の「陰」の世界を象徴する魚、[7]天上世界への道を象徴する舟、[8]地上の神霊世界へおりる道を象徴するペンダントのような花束（[Pham Ngọc Khuê2004: 36-37] より転載）

各種楽器類。ちなみに右奥で笙を手にしているのは筆者（ギアロ、二〇〇〇年）

・楽器類

『ソン・チュー・ソン・サオ』にも、笛、太鼓、銅鑼、口琴などが登場するが、人々はさまざまな楽器を儀礼や娯楽のために用いてきた。

笛にはさまざまな種類があった。

1）縦笛（*pí pặp*）：6つの音孔を指で開閉してメロディーを奏でるマイ・パオと呼ばれる竹の楽器で、黒タイの間では一般的である。唄口の部分に金や銀のリード（*lịn pí*）をつけることもあった。

2）ピー・ドイ（*pí đôi*）：対になった竹の笛で、音を長くのばすことができる。

3）ピー・モット（*pí một*）：呪術師モット・ラオが儀礼で使う笛。

4）ピー・ティウ（*pí thiu*）：モクチャウやマイチャウのターイがよく使う音孔が6つある縦笛で、筒先が唄口（*lam*）にしてリードは付けない。ピー・フイ（*pí huy*）とも呼ぶ。

5）ピー・フオン（*pí phường*）：収穫したもち米の太いワタ束を用いてつくった笛で、収穫の労働を楽しくするために、演奏に興じた。

6）葦笛（*pí lão nọi*）：森の葦や茅の空洞になった茎を使ってつくった笛

7）横笛（*pí pẻ*）

ほかにもトランペット、笙その他さまざまな楽器がある。

イラストは栗岡奈美恵（[樫永 2005：63] より）

11講：恋愛詩『クン・ルー・ナーン・ウア』

黒タイの間でよく知られているが、サー（西北地方における黒タイの先住民とされる人々）の伝説に基づくという。黒タイ文字で記された文書も多数継承されている。写本によって話の細部や展開は異なっているが、哀切きわまりない恋の物語である。以下が話のあらすじである。

天帝テーンに娘がいた。娘はこの上なく美しかった。テーンは愛娘を妻にしたいと思ったが拒絶され、怒って地上に追い払ってしまう。

次に、ムオン・サイへと舞台がかわる。当地の首領の夫婦は裕福だが、子宝には恵まれなかった。しかし、あるときカム・ソム、ガン・リエンという美しい双子を授かった。二人はたいへんな仲良しで、いつも一緒だった。

ある日、二人がダー河で水浴びをしていると、芳醇な香りを一面に漂わせてイチジクの実が流れてきた。その実はテーンの娘であった。二人は実を拾って二つに割って半分ずつ食べた。すぐに二人は身ごもった。

双子の両親は話を聞くと、すぐにカム・ソムを川の漁師クン・パンに、ガン・リエンを森の猟師クン・バーイに嫁がせた。姉妹は、「もし生まれてくる子が女の子同士なら、おなじ男と結婚させよう、もし男の子と女の子なら二人を結婚させよう」と約束した。生まれたのは、カム・ソムから息子ルー、ガン・リエンから娘ウアであった。二人とも玉のように美しく、子どもの頃からずっと仲良しで、片時も離れなかった。

首領の祖父が老い、後継者たちにくにを分けたとき、カム・ソムとルーたちは一番上手のくにへ、ガン・リエンとウアたちは一番下手のくにへとわかれた。それでも二人はかわらず行き来しあった。

そのうち隣のくにの首領クン・チャーイが、ウアのうつくしさをうわさで聞きつけ求婚を持ちかけた。ガン・リエンは、ルーという許嫁がいることを伝えたが、戦になることを恐れて、最終的にはクン・チャーイに嫁がせることに同意した。

ウアはこの縁談を聞いて気を失った。誰がどんなに呼びかけても、ウアの意識は戻らない。ガン・リエンはカラスの群れに言付けてルーを呼びにやった。ルーは馬で駆けつけた。ルーが声をかけると、ようやくウアは息を吹き返した。二人はそれから何日も一緒に語り暮らした。

ウアは慣習どおり未婚の女性だけが一人で寝る小屋に住んでいたが、ある朝、ガン・リエンはルーがウアと夜が明けるまでそこにいるのを見つけた。以来、ルーを出入り禁止にした。

まもなくウアは病気になり、家に閉じ込められた。クン・チャーイは下女をつかわし、ウアを見張り、早々に婚礼支度をはじめた。下女たちは意地悪だったので、婚礼の日が近づけば近づくほどウアは元気をなくし、やつれはてた。ある夜、ウアはこっそり抜けだし、森のいちばん奥へと入り、森で一番高い松の古木の幹をたたいて「首をくくって死にたい」と訴えた。同情した松は、てっぺんの梢をもたげて、垂れ下がらせた。そしてウアの首に枝をまきつけると、ウアの体を森の一番高いところまで持ち上げた。

ウアの自殺は雁の群れがルーに告げた。ルーが駆けつけたとき、松の根元では、ウアの死体をどうやって引き下ろすか、人々が途方に暮れていた。ルーが松に手を当ててお願いすると、松は幹をみずからおり曲げてウアの死体を地上まで降ろしてくれた。ウアの遺言通り、その顔には紅がさしているようで、生きているみたいに美しく、芳香を一面に漂わせていた。伝説では、このときウアを葬ったとされる場所がムオン・サイにあるナー・イットの盆地で、現地ではロン・ナン・ウアと呼ばれている。

事情を知らない人々は、ルーが殺したのだと思い、棒や礫でルーをせめた。ルーの悲しみは深く、食べるものものどを通らず、寝ることもできなくなった。心配した両親は、ルーをナーン・マインと結婚させた。

ルーはウアのことが忘れられない。水浴びをするときには水の底に、髪を梳くときには鏡の中にウアが見えた。ウアなしでは生きていけない。ついにルーは小刀で首を切って死んでしまった。ちょうど床下で米を搗いていたルーの母は、床板の隙間から流れしたたる血をみて、ルーが染料壺をうっかりひっくり返したのだと思ったそうな。なお、この血がかかったのでケイトウ［鶏頭］(hoa mào gà) の花は赤い。現地では「クン・ルーの花」と呼ぶ。

さて、ルーの魂はウアの魂と一緒になった。二人は手を取りあって天帝テーンに会って、自分たちの無実を訴えようとした。しかし、テーンは二人を見るや、自分が地上に追い払った娘を思い出した。そこで怒りを隠して、わざと聞いた。

「二人は夫婦なのか、兄妹なのか？」

ルーは恐れおののきつつも、「夫婦です」とウソをついた。テーンはウソをつくなと激高した。すぐに神将に二人をとらえさせ、星にかえてしまった。二つの星は天の川をはさんで両側に分けられた。二人はちらちら見あうだけで、もはや二度と一緒になれない。

星月夜の空には、ルーの星が先に、ウアの星があとにのぼる。あいだには天の川がきらきらと、二人を引き裂いて横たわっている。二つの星が同時に明るくきらめていることはない。ルーの星が明るければ、ウアの星はかすんでいる。ルーとウアは永遠の責め苦をうけつづけているのである［Lê Tuấn Việt（sưu tầm）Mạc Phi（biên soạn）1964: 169-173］。

黒タイは、牽牛星をクン・ルーの星、織女星をナーン・ウアの星と呼び、牽牛織女の物語とこの話は重ね合わされている［Cầm Cường 1993: 121］。いっぽう、二人はテーンによって明けの明星と宵の明星の二つに変えられたとする異本もある［Nguyễn Khỏi（biên soạn）2000: 149-150］。

ここに紹介したとおり、「クン・ルーの花」、「クン・ルーの星」、「ナーン・ウアの星」の名の由来など、この物語には由来譚がいくつも含まれている。ある写本には、以下のガビチョウの由来譚もある。

ウアが自殺したあと、ウアを殺したのはルーではないかと疑い、ウアを慕う人々は、ルーがウアの魂にスイギュウの肉を捧げに来たところを殺そうと待ち構えていた。しかしルーの美しさに一同は心を打たれ、意気阻喪した。それどころかルーを一目でも見ようと、ある家のベランダに人が殺到した。そのせいでベランダが崩れ落ち、死んだ彼らがガビチョウ（nộc thúa lãng）になった。だからガビチョウは昼も夜も「ヌア、ヌア」と鳴いて飛び回っている［Mạc Phi（dịch, khảo dị, chú tích） 1964: 10］。なお、カム・チョンによると、ガビチョウは「クンルー、クンルー」と鳴くという。

12講：物語『クアム・マイン・トン』

カム・チョンによると、物語『クアム・マイン・トン（*Quăm Mạnh Tông*）』の中で火の精マイン・トン（*Mạnh Tông*）が水の精ホン・タ（*Hổng Thák*）と戦って打ち勝つ話が有名なので、マイン・トンは黒タイの間で力持ちの象徴であるという。

マック・フィーは別の観点から『クアム・マイン・トン』を説明している。マイン・トンはトゥ・ヴィ（Tử Vi）、トゥ・トゥ（Tử Tư）、ミン・ホイ（Minh Hối）とともに道士ラム・カン（Lâm Khan）に弟子入りして、たくさんの法力を身につけた。木を人に変え、風を呼び、雨をまねき、川を干上がらせ、洪水をひきおこしたり、雲に乗って太陽を隠したことさえある。マイン・トンが智に恃んで二つもくにを手に入れたのは身の程をわきまえていないと、ラム・カン師によって彼の法力は弱められた［Nguyễn Khôi（biên soạn）2000: 106］。

この道教色の強い物語が、黒タイ社会にいつどのように浸透したのか定かではない。紅河デルタのキン族から伝えられたのか、あるいは雲南の漢族から伝えられたのだろうか。黒タイ社会への道教の伝播と土着化の特徴という観点からも、この物語は興味深い。

以下、ベトナム宗教研究家大西和彦氏の詳細なご教示に基づき、マイン・トンに関する解説を付記したい。

1750年にイタリア人宣教師アドリアーノ・ディ・サンタ・テクラ神父がラテン語で著した中国と北ベトナムの宗教事情に関する報告［St. Tecla 2002］に、キン族の符水師が祭祀する神将としてマイン・トンの名が登場する。また、同書にはマイン・トンは「毎年の大晦日に祭祀される当年《とうねん》行譴《こうけん》（Đang niên Hành khiển）の創造者」［St. Tecla 2002: 171］と記されている。当年行譴とは、元来疫神の性格がある十二支ごとの年神である。大晦日の祭祀で旧年の年神を送り、新年の年神を迎えるのである。しかし、訳注者 Olga Dror は、「マイン・トン自体は不明」と注記している［St. Tecla 2002: 173］。

このほか、マイン・トンとともに学んだトゥ・ヴィとは「紫微」のことであり、北極星が道教神化した「北極紫微大」であろう。ベトナムでは童子が八卦の鏡を持った形状で表現され、魔よけの神とされる。デュムーティエ著『ハノイの寺』には、霊山寺（Chùa Linh Sơn）[1]は、北極紫微大の板絵が祀られているのが特色であると紹介されている［Dumoutier 1887: 46-48］。デュムーティエがハノイにいた19世紀末にはまだ信仰を集めていたらしいが、1967年、アメリカ軍による爆撃で霊山寺は失われた［Onishi 2011: 310］。

注

1　当時の在所は phố Nguyễn Trường Tộ, quận Ba Đình, Hà Nội

1）民族集団名

訳書中の名称	黒タイ語	ベトナムでの民族名称	言語系統	解説	初出の行
キン族	*Keo*	キン族（Kinh, Việt）	ベト・ムオン語系（モン・クメール語系）	ベトナムにおける主要民族	171
サー	*Xà*	なし	モン・クメール語系、カダイ語系、チベット・ビルマ語系など	黒タイが山間盆地に入植する11世紀以前から現地に先住していたとされる諸集団の総称。植民地期までの盆地政体下では、黒タイに半隷属していたと、黒タイのあいだで伝承されている	297
あごに入れ墨のあるサー	*Xà Căng Lăng*	マーン（Mảng）	モン・クメール語系	ライチャウ省シンホー県（huyện Sìn Hồ）のナー川沿いに渓谷に住む。あごに入れ墨を入れる習慣を比較的最近まで保持していた	298
中国人	*Hán*	漢族（Hoa）	漢語系	中国における主要民族	343
ラオ	*Lão*	ラオ（Lào）	タイ語系	ラオスにおける主要民族	344

2) 地名

地名	黒タイ語	位置	初出の行
タ・ブー	*Tà Bú*	ソンラー省ムオンラー県（huyện Mường La）タブー社（xã Ta Bú）。ダー河とブー河の合流点	141
タ・ヘー	*Tà Hẽ*	ソンラー省クインニャイ県（huyện Quỳnh Nhai）ムオンサイ社（xã Mường Sại）。ダー河沿い	142
タ・サイ	*Tà Xại*	ソンラー省クインニャイ県ムオンサイ社	143
ダー河	*nặm Tè*	［地図］参照	171
ムオン・サイ	*Mường Xại*	ソンラー省クインニャイ県ムオンサイ社	193
ムオン・チャイ	*Mường Chai*	ソンラー省ソンラー県ムオンチャイ社（xã Mường Trai）	194
ムオン・ライ	*Mường Lày*	ライチャウ省ムオンライ県（huyện Mường Lay）ムオンライ市（thị xã Mường Lay）。2005年まではライチャウ省都ライチャウ市	295
ムオン・ソ	*Mường Xo*	現ライチャウ省フォントー県フォントー市（thị trấn Phong Thổ）	296
ムオン・ラ	*Mường Lã*	中国雲南省金平	296
プー・チップ	*Pũ Chíp*	ラオカイ省タンウエン県（huyện Than Uyên）にある山	297
プオン	*Puỗn*	ラオス、シエンクワン県のジャール平原にあるムアンプアン（Muang Phuan）	497
ムオン・トン・テン・コン・ファー・バン	*Mường Tông Tơng Cóng Phạ Báng*	不明。ファー・バンとあるところから、ルアンパバンだろうか	500
ムオン・トン・タン・コン・ファー・ザーン	*Mường Tông Táng Cóng Phạ Dãn*	不明	501
ムオン・ケップ・ケー・トゥー・クップ・トン・ラーン	*Mường Kẹp kẽ Tữ Cúp Tong Lãn*	不明。意味は「さけめのあるタラバヤシの葉の笠をかぶったくに」。黒タイの居住地でタラバヤシは、ディエンビエンの盆地以外とても少ない。ウー川沿い、メコン川沿いには多いので、ラオス側のどこかであろうか	502
ダーイの泉	*bó Đải*	中国雲南省金平にある泉か、あるいは「どこか遠く」という意味か	568
マー河	*nặm Mà*	［地図］参照	1210

3）動植物名

動植物名の同定に際してはカム・チョンの教示以外に、トゥアンザオでの調査、マック・フィーによる訳書も役に立った。［越語名 CV Muon］と記してあるのは、トゥアンザオ県におけるインフォーマントの教示によるものである。また［越語名マック・フィー］と記してあるのは、1961 年に初版が刊行されたマック・フィー訳（ベトナム語）を参考にしたものである。同書は［Nguyễn Khôi（biên soạn）2000 ］に再録されている。

タマリンド（植物）　黒タイ語名：（*mák*）*kham*　ベトナム語名：quả me

和名：タマリンド　学名：Tamarindus indica

解説：西北地方ではイエンチャウが有名。

初出行：9

タナゴ（魚）　黒タイ語名：*pa đi*

ベトナム語名：cá đòng đong（con đòng đong, cá thép）　和名：プンティウス属

学名：Puntius

解説：コイ科バルブス亜科。体長５センチ以下で、体側に筋と斑点のある種（種名同定できず）が、かつてソンラー特産として有名。流れが緩やかな岸辺近くに群れる。

備考：タナゴと便宜上訳す。

初出行：11

ニゴイ（魚）　黒タイ語名：*pa bá*　ベトナム語名：cá anh bú　和名：セミラベオ属

学名：semilabeo notabilis

解説：コイ科セミラベオ属。かつてヴィエットチー特産として有名であった。30 センチくらいで、青くて腹は白い。 繁殖期に群れをなしてダー河をライチャウ付近までさかのぼるのを、網ですくってとった。

備考：ニゴイと便宜上訳す。

初出行：13

アオウオ（魚）　黒タイ語名：*pa pộc*　ベトナム語名：cá bón　和名：？　学名：？

解説：ダー河、マー河にすむコイ科の大型魚。

備考：アオウオと便宜上訳す。

初出行：15

ソウギョ（魚）　黒タイ語名：*pa tết*　ベトナム語名：cá chày　和名：ソウギョ亜科

学名：Squaliobarbinae

解説：ソウギョ亜科カワアカメ属 Squaliobarbus curriculus（目、口が赤く、胴体の断面が丸い）をはじめとする大型魚。ダー河、紅河本流域にすむ。

初出行：17

ヤマベ（魚）　黒タイ語名：*pa xét*　ベトナム語名：cá mương　和名：ヘミクルテ属

学名：Hemiculter

解説：コイ科カワヒラ亜科。流れのある川を好む。体長 10 センチ程度で、胴が長く、黄色い。マー河にかつてたくさんいた。Pa xảm（1369 行）としばしば対でよばれる。

備考：ヤマベと便宜上訳す。「ハエ」参照

初出行：19

パウ（魚）　黒タイ語名：*pa pạu*　ベトナム語名：cá vũ　和名：？　学名：？

解説：丸い胴体で、上部は青く、底部は黄色い。味はあまりよくない。

備考：cá vũ［越語名マック・フィー］。ただし、魚種不明。

初出行：21

桑（植物）　黒タイ語名：*mõn*　ベトナム語名：tằm　和名：クワ属　学名：Morus

初出行：36

ウリ（植物）　黒タイ語名：*tanh*　ベトナム語名：dưa　和名：ウリ科

学名：Cucurbitaceae

初出行：44

葦《よし》（植物） 黒タイ語名：*lãu*　ベトナム語名：lau　または sậy　和名：ヨシ

学名：Phragmites communis

初出行：48

ハゼ（魚） 黒タイ語名：*pa bú*　ベトナム語名：cá bống　和名：ハゼ科

学名：Gobiidae

初出行：72

ファック・カット・ホン（植物） 黒タイ語名：*phắc cát hõng*　ベトナム語名：？

和名：？　学名：？

解説：収穫後の田に生える雑草。葉がややとんがっている。

備考：マック・フィーは、gốc cải xanh（アブラナ）と訳している［Nguyễn Khôi（biên soạn）2000: 80］

初出行：82

トン・チン・キエン（植物） 黒タイ語名：*tong chinh kiẻng*　ベトナム語名：？

和名：？　学名：？

解説：収穫後の田に生える雑草。葉は丸い。

備考：マック・フィーによると、tàu dong mượt［Nguyễn Khôi（biên soạn）2000: 80］

初出行：82

トロック鳥（鳥） 黒タイ語名：*nộc thlốc*　ベトナム語名：？　和名：？　学名：？

解説：名は鳴き声に由来する。

備考：色は青、森林に住み、夏に鳴く［Nguyễn Khôi（biên soạn）2000: 83］

初出行：108

キツツキ（鳥） 黒タイ語名：*nộc thláy*　ベトナム語名：chim gõ　和名：キツツキ科

学名：Picidae

解説：コゲラなどと同様、木の幹をつつき、虫を捕食する。

初出行：109

キジ（鳥）　黒タイ語名：*nộk khoa*　ベトナム語名：gà lôi trắng　和名：ハッカン

学名：Lophura nycthemera

解説：キジ科コシアカキジ属のハッカンなど。

備考：キジと便宜上訳す。

初出行：110

錦鯉（魚）　黒タイ語名：*pa nãy đanh*　ベトナム語名：cá chép đỏ　和名：ニシキゴイ

学名：Cyprinus carpio carpio

初出行：134

シソルナマズ（魚）　黒タイ語名：*pa khẻ*　ベトナム語名：cá chiên

和名：ナマズ目シソル科　学名：Sisoridae

初出行：134

ビンロウジ（植物）　黒タイ語名：*mák lãng*　ベトナム語名：quả cau

和名：ビンロウジ　学名：Areca catechu

解説：嗜好品。ムオンサイで売られている mák lãng pao が特に有名で、熟れると黄色くなる。

初出行：143

マイ・ヘ（植物）　黒タイ語名：*mạy hẹ*　ベトナム語名：cây dang　和名：？　学名：？

解説：竹の一種。薄く裂き、籠編みの竹へぎとしてよく用いられる。水汲み用の太い水筒バン・ナム・ティンにはマイ・ヘの節を用いる。

初出行：151

マイ・ライ（植物）　黒タイ語名：*mạy lày*　ベトナム語名：？　和名：？　学名：？

解説：竹の一種。陽暦８、９月頃、ソンラーでとれるタケノコが美味で有名。

備考：マック・フィーは、mai と訳す。dang［越語名 CVMuon］

初出行：152

キンマ（植物）　黒タイ語名：*pũ*　ベトナム語名：trầu　和名：キンマ

学名：Piper betle

初出行：155

シャコ（鳥）　黒タイ語名：*xum*　ベトナム語名：Đa đa, Gà gô　和名：？

学名：Francolinus pintadeanus

解説：キジ科シャコ属。森に野生。

備考:マック·フィーは、ソム（xổm）と解釈している。スムとソムはおなじ鳥と解釈。

越語名マック・フィー

初出行：165, 217

ショウガ（植物）　黒タイ語名：*khinh*　ベトナム語名：gừng　和名：ショウガ

学名：Zingiber officinale

初出行：197

クズウコン（植物）　黒タイ語名：*tong chinh*　ベトナム語名：lá dong

和名：フリニウム属　学名：Phrynium

解説：クズウコン科。正月ちまきや、弁当を包むのに用いる。

初出行：198

タウ（植物）　黒タイ語名：*tạu*　ベトナム語名：？　和名：？　学名：？

解説：樹種不明。葉が厚く、苗や塩を運ぶ籠の目をつめるのによく用いる。木の葉で包むことは、葬式のとき以外ない［Nguyễn Khôi（biên soạn）2000: 89］

初出行：199

シャモ（鳥）　黒タイ語名：*cáy nu*　ベトナム語名：gà chọi　和名：ニワトリ

学名：Gallus gallus domesticus

解説：ニワトリの一種。ネズミのようにうぶ毛しかはえていない種。闘鶏用のニワトリ（シャモ）として解釈する説を採用。

備考：越語名 CVMuon

初出行：212

マイ・ハーン（植物）　黒タイ語名：(*mạy*) *hang*　ベトナム語名：cây dang　和名：？
学名：？
解説：竹の一種。マイ・へと同様、長く伸びて、上の方からしなだれかかる。
備考：越語名 CVMuon
初出行：230

マイ・ホック（植物）　黒タイ語名：(*mạy*) *hốc*　ベトナム語名：tre tàu (bương)
和名：？　学名：Gigantochloa levis
解説：竹の一種。タケノコをよく食す。
備考：越語名マック・フィー
初出行：231

マイ・サーン（植物）　黒タイ語名：(*mạy*) *sang*　ベトナム語名：tre trồng　和名：？
学名：？
解説：竹の一種。マイ・ホックに似るが、タケノコは苦く食さない。
備考：越語名 CVMuon
初出行：231

マイ・ラン（植物）　黒タイ語名：*lẫn*　ベトナム語名：sặt
解説：竹の一種。タケノコをよく食し、甘みがあって美味だが、殻が多い。竿などに用いる。
備考：越語名 CVMuon
初出行：248

ファー（植物）　黒タイ語名：*phả*　ベトナム語名：？　和名：？　学名：？
解説：森に自生。薄紫の花が咲く。葉は薬にするという。
備考：葦 (sậy) ［越語名マック・フィー］とあるが、適訳ではないと思われる。
初出行：255

ヒョウタン（植物）　黒タイ語名：*tảu*　ベトナム語名：bầu　和名：ヒョウタン

学名：Lagenaria siceraria

初出行：258

梅檀《せんだん》（植物）　黒タイ語名：*dỗm*　ベトナム語名：lát　和名：チュクラシー属

学名：Chukrasia

解説：センダン科チュクラシー属の木本。建材や家具材などとして珍重される。

備考：梅檀と便宜上訳す。

初出行：262

フー（植物）　黒タイ語名：*hu*　ベトナム語名：？　和名：？　学名：？

備考：クズウコン（dong）［越語名マック・フィー］

初出行：292

グルゴー（植物）　黒タイ語名：*phẽn*　ベトナム語名：tai chua

和名：コーワガンボジ　学名：Garcinia cowa

解説：オトギリソウ科フクギ属。実は酸っぱい。マングスチンは、同属の果樹。同属のアッサムグルゴー（Garcinia atroviridis）も酸味が強く、東南アジアで酸味料としてしばしば用いられる。

備考：dậu［越語名マック・フィー］。ここでは便宜上グルゴーと訳す。

初出行：318

イナゴ（虫）　黒タイ語名：*tắc ten*　ベトナム語名：châu chấu　和名：イナゴ属

学名：Oxya

解説：ハネナガイナゴがよく食される。

初出行：319

キジバト（鳥）　黒タイ語名：*nộc xau*　ベトナム語名：chim cu

和名：ハト科アオバト属、キジバト属　学名：Treron, Streptoperia

解説：鳴く声が愁いを帯びているとしばしば形容される。

初出行：354

野鶏（鳥） 黒タイ語名：*cáy thướn*　ベトナム語名：gà rừng

和名：セキショクヤケイ　学名：Gallus gallus

初出行：361

カーン・コー・カーン・コー（鳥） 黒タイ語名：*nộc cán co can cõ*

ベトナム語名：？　和名：？　学名：？

解説：鳥名は鳴き声に由来する。

初出行：375

トノサマバッタ（虫） 黒タイ語名：*mè cáp cong*　ベトナム語名：con cào cào

和名：バッタ亜目　学名：Caelifera

解説：タイでもよく揚げて食べられるセスジツチイナゴ（Patanga succinga）は、トノサマバッタ級の貫禄だがイナゴ科。

備考：種名が同定できないので、便宜上トノサマバッタと訳す。

初出行：383

ウマオイ（虫） 黒タイ語名：*mè chang chả*　ベトナム語名：？

和名：キリギリス科　学名：Tettigoniidae

解説：mè（mãnh）chong chỏ とも呼ぶ。雨の前にチョンチョン鳴くからだという。

備考：鳴き声から、キリギリス科と推測し、ウマオイと便宜上訳す。

初出行：384

茅（植物） 黒タイ語名：*nhả cã*　ベトナム語名：cỏ tranh　和名：チガヤ

学名：Imperata cylindrical

初出行：407

冶葛《やかつ》、胡蔓藤《こまんとう》（植物） 黒タイ語名：*nguộn*　ベトナム語名：lá ngón

和名：ゲルセミウム・エレガンス。冶葛、胡蔓藤とも　学名：Gelsemium elegans

解説：花は黄色い。黄色いつるを植物の上などに這わせる。猛毒で知られる。高地に住むモンが、服毒自殺によく用いる。ターイがしばしば食用にする苦い野草のグオンとは異なる。

初出行：417

マン（植物）　黒タイ語名：*măn*　ベトナム語名：？　和名：？　学名：？

解説：クズウコンに似た葉を持つ。香りがよく、美味。

備考：lá tươi［越語名マック・フィー］

初出行：437

モロコ（魚）　黒タイ語名：*pa mọm*　ベトナム語名：？　和名：？　学名：？

解説：コイ科。15センチくらい。水苔やカワノリなどを食む。鯁魚《ケンヒー》と対でよばれるところから考えると、コイ科ラベオ亜科 Cirrhinus microlepis の魚か。かつて祖先祭祀のお供えのために、囲炉裏の火棚で燻製にして常備していた。またタイ暦3、4月（陽暦11、12月）頃、モチ米の早稲を搗くときの祖先へのお供えでは、この魚の燻製は必需であった。

備考：cá lượn［越語名マック・フィー］。モロコと便宜上訳す。「鯁魚」参照。

初出行：446

テナガザル（動物）　黒タイ語名：*tô chạn*　ベトナム語名：vượn

和名：クロテナガザル　学名：Hylobates concolor Harlan

初出行：457

ヒキガエル（両生類）　黒タイ語名：*tô í tú*　ベトナム語名：cóc

和名：ヒキガエル属　学名：Buf

初出行：458

セミ（虫）　黒タイ語名：（*tô*）*ngoạng*　ベトナム語名：？　和名：？　学名：？

解説：ここに登場する「黄色い筋のあるセミ」の種は同定できていない。陽暦3月頃に鳴き始める。天上世界まで飛んでいけると信じられていた。

初出行：467

バーンの葉（植物）　黒タイ語名：*tong bản*　ベトナム語名：？　和名：？　学名：？

解説：これに食べ物をくるんでも、クズウコンの葉と異なり、焦げ臭いにおいがしておいしくない。

備考：lá dong thô［越語名マック・フィー］

初出行：472

山ショウガ（植物）　黒タイ語名：*khinh cãnh*　ベトナム語名：？　和名：？　学名：？

解説：カム・チョンによると、ショウガ科の野生種だが、苦くて食べられない。けがなどの塗り薬にする。一方、マック・フィーによると、Gừng già quất という野生マメで、実は丸い。熟しても外皮は青いままで、食べる際は、腐りかけのものをしばしば食す［Nguyễn Khôi（biên soạn）2000: 107］

備考：gừng cứng［越語名 CVMuon］。ここでは、山ショウガと便宜上訳す。

初出行：472

タマリンドモドキ（植物）　黒タイ語名：*mák kham pởm*　ベトナム語名：？　和名：？

学名：？

解説：丸い実をつける。森林に自生。マック・フィーは「野生豆（me rừng）」と訳している。

備考：黒タイ語の意味から、タマリンドモドキと便宜上訳す。

初出行：478

村タマリンド（植物）　黒タイ語名：*mák kham phắc*　ベトナム語名：？　和名：？

学名：？

解説：マック・フィーは「家のタマリンド（me nhà）」と訳している。家や村の周辺に植えるマメで実は長い。熟すと外皮はこげ茶色になる。料理に酸味をくわえるのに用いる［Nguyễn Khôi（biên soạn）2000: 108］

備考：タマリンド（me）［越語名 CVMuon］。黒タイ語 *phắc* は野菜の意味なので、ここでは村タマリンドと便宜上訳す。

初出行：479

ウコン（植物）　黒タイ語名：*khá*　ベトナム語名：nghệ　和名：ウコン

学名：Curcuma longa

初出行：514

ジャコウネコ（動物）　黒タイ語名：*nhên mõng*　ベトナム語名：cầy hương

和名：ジャコウネコ科　学名：Viverridae

解説：ハクビシンなど、ジャコウネコ科の哺乳類。

初出行：517

バンケン（鳥）　黒タイ語名：*nộc cốt*　ベトナム語名：con bìm bịp

和名：オオバンケン　学名：Centropus sinensis

解説：nộc cốt は、バンケン科、カワセミ科などの鳥類。

初出行：518

黒フクロウ（鳥）　黒タイ語名：*nộc tực tữ*　ベトナム語名：？　和名：フクロウ目

学名：Strigiformes

解説：種名まで特定できないが、大型で色は黒い。夜、鳴く声はしばしば子どもたちを怖がらせる。

初出行：519

カム・カー（は虫類？　鳥？）　黒タイ語名：*tô khảm khá*　ベトナム語名：？

和名：？　学名：？

解説：カム・チョンによると、これは爬虫類で、前足と後ろ足の間の両側面に薄い膜があり、これを広げて飛行するという。だとすればトビトカゲ属だろうが、夜あちこちで呼応しあうのが若い男女の呼びかけあいにたとえられるというところから考えると、やはり鳥類ではなかろうか。マック・フィーは鳥として解釈し、chim chót bóp と訳す。その鳴き声は遠くまで響く。とくに夏は、どこに行ってもそのさえずりが聞こえる。だから、この鳥は人になつき、人について行くと考えられていた [Nguyễn Khôi（biên soạn）2000: 111]。森でオスが chót（先端）と鳴くと、メスが bóp（揉む）と鳴き交わすのが、このベトナム語名の由来らしい。この鳴き交わす声を、黒タイは *háp*（天秤担ぎ）、*cõn*（片棒担ぎ）と言う擬声語で表現［Cầm Cường và Hà Thị Thiệc 1987: 179］。

初出行：520

トラ（動物） 黒タイ語名：*xưa* ベトナム語名：hổ 和名：トラ

学名：Panthera tigris

初出行：533

ヒョウ（動物） 黒タイ語名：*xang* ベトナム語名：con báo

和名：ヒョウ、ウンピョウ 学名：Panthera pardus, Neofelis nebulosa

解説：ヒョウ亜科ヒョウ属、ウンピョウ属

初出行：533

サトイモ（植物） 黒タイ語名：*mák phướk* ベトナム語名：khoai sọ

和名：サトイモ 学名：Colocasia esculenta

解説：トゥアンチャウのサトイモは、大きく美味で有名。

初出行：548

砂仁《しゃにん》（植物） 黒タイ語名：*no nảnh* ベトナム語名：sa nhân 和名：砂仁

学名：Amomum villosum

解説：ショウカ科アモムム属の野草の芽。子どもが遊びで食べるが、ふつうは実を食事にする。

初出行：559

ハナミョウガ（植物） 黒タイ語名：*no cà* ベトナム語名：sẹ

和名：ショウガ科ハナミョウガ属アルピニア・グロボサ 学名：Alpinia globosa

解説：mãn cà の芽であり、若芽を蒸して食べると美味。

備考：ハナミョウガと便宜上訳す。

初出行：559

ザボン（植物） 黒タイ語名：*pục* ベトナム語名：bưởi 和名：ザボン

学名：Citrus grandis

初出行：576

デイゴ（植物） 黒タイ語名：*co tong* ベトナム語名：cây vông 和名：デイゴ属

学名：Erythrina

解説：木の下方にトゲトゲしいこぶがある。しかもまっすぐに種を落として新たに芽を出すため、菜園の垣根にしばしば用いられる。赤い花が咲く。その色から「血のゼリー（tiết canh）」にたとえられ、血のゼリーを食べることを *chỗm bók tõng* という。この花の赤に因むからである。木の幹には、女性の乳房に似たこぶ（*nam tõng*）がある。13 から 14 歳頃になって乳房がふくらんでくる頃のことを *chôm túm man tõng* と形容する。

初出行：577

マー（植物） 黒タイ語名：*phắc mạ* ベトナム語名：？ 和名：？ 学名：？

解説：香りがよく、女性の香りにたとえられる。成句に「夫がいる若い娘はマーの花の芳香、夫がいない娘ははらんだ犬のように臭い」。マック・フィーによると、まっ黄色の花を咲かせ、西北地方ではホア・バン（hoa ban, 黒タイ語名 *bók ban*）として知られるバウヒニア属のピンク色の花の次に美しいと有名。しばしば高貴で美しいたとえ、ときには華美なたとえで用いられる。伝説によると、勇将クン・チュオンが討たれ馬上で斃れると、体が粉々に砕けて土になった。愛馬も同じく粉々になったが、たてがみとアゴだけがこの花に化成した（マー＝馬）。開花期、ある種のセミが長い鳴き声を響かせるのを、今でもクン・チュオンの馬を奏でるセミという［Nguyễn Khôi（biên soạn）2000: 115］

初出行：578

カモシカ（動物） 黒タイ語名：*dưỡng* ベトナム語名：sơn dương

和名：スマトラカモシカ 学名：Capricornis sumatraensis

初出行：618

籐（植物） 黒タイ語名：*bai* ベトナム語名：mây dang 和名：ヤシ科トウ連

学名：Calameae

初出行：619

榕樹（植物）　黒タイ語名：*bả*　ベトナム語名：đa　和名：イチジク属　学名：Ficus

初出行：620

菩提樹（植物）　黒タイ語名：*hãy*　ベトナム語名：sung　和名：イチジク属

学名：Ficus

解説：イチジク属の高木なので、菩提樹と便宜上訳す。

初出行：621

チエン（植物）　黒タイ語名：*chiêng*　ベトナム語名：cỏ mọc non　和名：？　学名：？

解説：別名 nhả pông ón

初出行：623

ビンロウジ（植物）　黒タイ語名：*lãng xáy*　ベトナム語名：cau　和名：ビンロウジ

学名：Areca catechu

解説：卵ほどの大きさのあるビンロウジの実。

初出行：633

苦タケノコ（植物）　黒タイ語名：*nó khôm*　ベトナム語名：măng đắng

解説：イネ科タケ亜科の若芽で、苦みのある種をこう呼んでいる。

初出行：660

スオウ（植物）　黒タイ語名：*phang*　ベトナム語名：tô mộc

和名：スオウ（蘇芳、蘇方、蘇枋）　学名：Caesalpinia sappan

解説：紅の染料を出すための木の実である。水につけて紅の染料をとり、掛け布団、敷き布団をつくる糸を染める。樹皮を煎じたものが打ち身などに効く。

初出行：663

チャイ（植物）　黒タイ語名：*chãy*　ベトナム語名：？　和名：？　学名：？

解説：草の葉（lá cỏ）とのみ訳し、名称を特定していない。［越語名マック・フィー］

初出行：686

粟（植物） 黒タイ語名：*khẩu phẳng*　ベトナム語名：kê　和名：アワ
学名：Setaria italica
解説：キビ属とヒエ属の雑穀類の包括的呼称かもしれない。
初出行：724

カエデチョウ（鳥） 黒タイ語名：*nộc kĩ tĩ*　ベトナム語名：chim ri
和名：カエデチョウ科　学名：Estrildinae
解説：カエデチョウ科キンパラ属の種からつくられた家禽がブンチョウ。
備考：越語名 CVMuon
初出行：724

赤ザル（動物） 黒タイ語名：*lĩnh đanh*　ベトナム語名：khỉ đỏ
解説：カム・チョンによると、小型で腹が赤いオナガザル亜科マカク属アッサムモンキーかアカゲザルではなかろうか。
初出行：725

カワウソ（動物） 黒タイ語名：*nạk nẽn?*　ベトナム語名：rái cá
和名：カワウソ亜科　学名：Lutrinae
解説：カワウソの皮は高価だった。漁網や筌をよく荒らされた。
初出行：726

藍草（植物） 黒タイ語名：*co chãm*　ベトナム語名：cây chàm　和名：コマツナギ属
学名：Indigofera
解説：マメ科コマツナギ属。藍染め染料のインディゴを含み、しばしば藍染めに用いられる。
初出行：750

ガチョウ（鳥） 黒タイ語名：*hán*　ベトナム語名：ngỗng　和名：カモ科
学名：Anatidae
初出行：796

トビ（鳥） 黒タイ語名：*hũng* ベトナム語名：dièu hâ 和名：トビ
学名：Milvus migrans
初出行：797

カラス（鳥） 黒タイ語名：*cà* ベトナム語名：quạ 和名：カラス属 学名：Corvus
初出行：797

ソム・ポン（植物） 黒タイ語名：*xổm pon* ベトナム語名：？ 和名：？ 学名：？
解説：蔓性の雑草。
初出行：808

ヘット・マン（菌類） 黒タイ語名：*hết mẵn* ベトナム語名：？ 和名：？ 学名：？
解説：小さく青っぽいキノコで美味。
備考：nấm mùi［越語名 CV Muon］。nấm bùi［越語名マック・フィー］
初出行：845

ターン（植物） 黒タイ語名：*tảng* ベトナム語名：tâng xốp 和名：？ 学名：？
解説：大木になる硬木。「ルオン姓は根株がタブー、ロ性はターンがタブー」という諺がある。かつて、ルオン姓の者は、根株に生えるキノコを食べることを忌み、ロ・ルオン、ロ・ノイを含むロ姓の者がつかむと手がかぶれるとしてターンの木を忌んだ。
備考：gỗ dút［越語名マック・フィー］
初出行：845

ケガワタケ（菌類） 黒タイ語名：*hết cả đáng* ベトナム語名：nấm dai
和名：ケガワタケ 学名：Lentinus squarrosulus
解説：ヒラタケ科ケガワタケ属。朽ち木の下に生え、食べられるが硬い。死後硬直のことをこのキノコに因んで、*tai cả đáng* という。
初出行：848

アブラナ（植物） 黒タイ語名：*phắc cát* ベトナム語名：rau cải
和名：アブラナ科 学名：Brassicaceae

初出行：856

シカ（動物）　黒タイ語名：*quang*　ベトナム語名：nai　和名：シカ科
学名：Cervidae
初出行：889

ヒメヤマセミ（鳥）　黒タイ語名：*nộc cốt cánh*　ベトナム語名：Bói cá nhỏ、
和名：ヒメヤマセミ　学名：Ceryle rudis
解説：ノック・コット（*nộc cột*）は、バンケン科、カワセミ科を中心とする鳥の総称。うちノック・コット・カム（*nộc cột cẫm*）［ベトナム語名 chim chạc, chim trả、カワセミ科ショウビン亜科（Halcyonidae）やヤマセミ亜科（Cerylinae）］で、ノック・コット・カイン（*nộc cột cánh*）は、ノック・コット・カムより少し小さく、白い斑点のある黒い尾をもち、首がほっそりと長くて、大きな声で鳴く。以上の点から、カワセミ科ヤマセミ亜科のヒメヤマセミ［ベトナム語名 Bói cá nhỏ、学名 Ceryle rudis］だろうか。
初出行：903

イノシシ（動物）　黒タイ語名：*mu long*　ベトナム語名：lợn rừng　和名：イノシシ
学名：Sus scrofa
初出行：919

ヤマアラシ（動物）　黒タイ語名：*mển*　ベトナム語名：nhím　和名：ヤマアラシ科
学名：Hystricidae
初出行：937

ハリネズミ（動物）　黒タイ語名：*hon*　ベトナム語名：dím　和名：ハリネズミ科
学名：Erinaceidae
初出行：938

イラクサ（植物）　黒タイ語名：*khắt*　ベトナム語名：Tầm ma　和名：イラクサ科
学名：Urticaceae
解説：山地に生える低木で、枝が多い。かつてはどこの村や山にも自生していたが、近年はほとんど見られない。20 世紀前半まで、その繊維で紙も漉いた。作り方は以下の通り。1)木を砕いて削り、沸かした茶につけ込む。2)ふやけた皮だけ取り出す。3) 板の上に広げ、木槌でたたき、練り棒でどろどろでねばねばした平面になるまでのばす。4) 干して乾燥させて完成。

備考:マック・フィーは gai（カラムシ {苧麻} Boehmeria nivea）と訳しているが、カム・チョンはベトナム語名を知らないというので、カラムシではなさそうなので、ここでは曖昧にイラクサと訳した。

初出行：940

ライム（植物）　黒タイ語名：*lịu*　ベトナム語名：chanh　和名：ライム

学名：Citrus aurantifolia

初出行：944

チメドリ（鳥）　黒タイ語名：*nộc thúa*

ベトナム語名：khướu, hoạ mi, chim liếu điếu,,,　和名：チメドリ科　学名：Timalidae

解説：ノック・トゥア（豆鳥）は実を食べるときに喧しい。いくつかの種類がある。1) ノック・トゥア・ダム（*nộc thúa đăm*）: 全身真っ黒で朝うるさく鳴く種とほおが白い種がある。2) ノック・トゥア・ヒー（*nộc thúa hĩ*）: 黄色くて、鳴き声がおもしろい。ベトナム語名は hoạ mi（チメドリ科）。3) ノック・トゥア・カー（*nộc thúa cã*）4) ノック・トゥア・ラーン（*nộc thúa lãng*）

備考：「ガビチョウ」参照。

初出行：952

タイヨウチョウ（鳥）　黒タイ語名：*nộc chọk phạ*　ベトナム語名：hút mật

和名：タイヨウチョウ科　学名：Nectariniidae

解説：スズメ目の小型の鳥で、ハチドリのような特徴的な飛び方をする。カム・チョンは、赤くて可憐な鳥だと説明したので、ルリオタイヨウチョウ（Aethopyga gouldiae）や、キゴシタイヨウチョウ（Aethopyga siparaja）などを思い描いているのかもしれない。

備考：chim vàng anh［越語名マック・フィー］

初出行：953

モモ（植物）　黒タイ語名：*cãi*　ベトナム語名：đào　和名：モモ
学名：Prunus persica
初出行：954

ツバメ（鳥）　黒タイ語名：*én*　ベトナム語名：yến　和名：アマツバメ科
学名：Apodidae
初出行：1016

フタバガキ（植物）　黒タイ語名：*co chuông*　ベトナム語名：cây chò
和名：フタバガキ科　学名：Dipterocarpus
解説：幹が硬くまっすぐなので、船や建築材となる。
初出行：1071

シナモン（植物）　黒タイ語名：*què?*　ベトナム語名：quế　和名：シナモン
学名：Cinnamomum cassia
初出行：1072

ルカムモモ（植物）　黒タイ語名：*quên*
ベトナム語名：Hồng quân, bồ quân, bù quân, mùng quân
和名：ナンヨウイヌカンコ、ルカムモモ　学名：Flacourtia jangomas
解説：イイギリ科の落葉小高木。赤く小さい果実は美味。
初出行：1127

リス（動物）　黒タイ語名：*tô họk*　ベトナム語名：sóc　和名：リス属
学名：Sciuridae
解説：「ツバイ」参照
初出行：1127

マイ・ファイ（植物）　黒タイ語名：*pháy*　ベトナム語名：tre pheo　和名：なし
学名：Bamvusa sinospinosa
解説：竹の一種。カム・チョンによると，ベトナム語名の pheo とタイ語名の *pháy* は

もとは同音

備考：中国語名：車筒竹

初出行：1128

ツバイ（動物） 黒タイ語名：*lẽn* ベトナム語名：huột chù 和名：ピグミーツバイ

学名：Tupaia minor

解説：小型のリスに似て、樹上に住む。

初出行：1128

マメジカ（動物） 黒タイ語名：*nảy* ベトナム語名：cheo 和名：マメジカ科

学名：Tragulidae

解説：マメジカ（con cheo cheo）と解釈したが、カム・チョンによると、薄い黄緑色のリスに似た動物。マック・フィーはネズミの一種と解釈している [Nguyễn Khôi（biên soạn）2000: 146]。

初出行：1129

ヤマネコ（動物） 黒タイ語名：*đang* ベトナム語名：mèo báo

和名：ベンガルヤマネコ属 学名：Prionailurus

解説：西北地方でもかなり森林の奥深くでないと珍しい。

初出行：1130

人面子（植物） 黒タイ語名：*co củ* ベトナム語名：cây sấu 和名：なし

学名：Dracontomelon duperreanum

解説：ウルシ科人面子属。キン族はその実を砂糖漬けにしてジュースにする。

初出行：1130

トウガラシ（植物） 黒タイ語名：*ướt* ベトナム語名：ớt 和名：トウガラシ属

学名：Capsicum

初出行：1139

ナス（植物） 黒タイ語名：*khưa* ベトナム語名：cà 和名：ナス科

学名：Solanaceae

解説：野生のナスは苦くて食べられない。トゲがある。

初出行：1140

ハス（植物） 黒タイ語名：*bua* ベトナム語名：sen 和名：ハス

学名：Nelumbo nucifer

初出行：1147

タケムシ（虫） 黒タイ語名：*mẹ* ベトナム語名：con nhộng

和名：タケツトガ（幼虫） 学名：Chilo fuscidentalis

解説：炒めて塩などで味付けするとおいしい。

初出行：1166

ヨシキリ（鳥） 黒タイ語名：*nộc chip* ベトナム語名：chim chích

和名：ヨシキリ科 学名：Acrocephalidae

解説：ニワトリのえさなどをよく一緒についばみに来る。名前はチップ、チップと鳴く声に由来する。

初出行：1169

クワン（植物） 黒タイ語名：*nhả quang* ベトナム語名：？ 和名：？ 学名：？

解説：トゥアンザオの村などで生け垣などによく植えている広葉樹。

初出行：1186

タン・ロー（鳥） 黒タイ語名：*nộc tắng lõ* ベトナム語名：？ 和名：？ 学名：？

解説：すべてのロ姓とロ・カム系統の姓の者は、この鳥を食べたり殺すことを忌む。この鳥は、陽暦３～４月頃、昼夜問わずよく鳴く。

備考：名は鳴き声に由来する。毛は青くきれいで、夏にさえずる。鳴き声は高く、愁いを帯びる［Nguyễn Khôi（biên soạn）2000: 150］

初出行：1193

クワズイモ（植物）　黒タイ語名：*phục*　ベトナム語名：ráy　和名：クワズイモ属

学名：Alocasia

解説：サトイモ科クワズイモ属。葉や茎をしばしばブタなどの飼料にする。

初出行：1205

ネナシカズラ（植物）　黒タイ語名：*khươn cẫm*　ベトナム語名：tơ hồng

和名：ネナシカズラ科　学名：Cuscuta

解説：低い木立の上に黄色いツタを這わせる植物の名で、薬に用いる。葉も花も小さくて目立たないため、これに花が咲くのは異常なこととされ、凶兆とされる。

初出行：1206

サーン（植物）　黒タイ語名：*co xản*　ベトナム語名：cây sổ　和名：？　学名：？

解説：水辺に生え、ハスの花に似た固い実の殻を落とす。実は酸っぱい。

初出行：1207

色ツバメ（鳥）　黒タイ語名：*nộc én ướn*　ベトナム語名：nhạn bung xám?

和名：ツバメ属　学名：Hirundo

解説：色鮮やかなツバメというから、nhạn bung xám（Hirundo daurica）だろうか。

備考：uyên ương 鴛鴦《おしどり》［越語名マック・フィー］はおそらく正しくない。色ツバメと便宜上訳す。

初出行：1209

マンゴー（植物）　黒タイ語名：*muồng*　ベトナム語名：soài　和名：マンゴー

学名：Mangifera indica L.

初出行：1216

ハト（鳥）　黒タイ語名：*co ke*　ベトナム語名：bồ câu　和名：ハト科

学名：Columbidae

解説：黒タイの間においてハトはアマノジャクの象徴。

初出行：1238

猩猩（動物）　黒タイ語名：*cang côi*　ベトナム語名：đười ươi

和名：オランウータン属　学名：Pongo

解説：この地域にオランウータンがいつまで生息していたかは定かではない。カム・チョンによると、「手足が内側に曲がっている大型のサルで、素早く移動する」と言うから、実際には別種のサルかもしれない。このサルが真夜中に鳴くと、くにが乱れる凶兆とされた。

初出行：1239

芦（植物）　黒タイ語名：*mí*　ベトナム語名：？　和名：？　学名：？

解説：水辺に生えるイネ科ヨシ属の多年草と思われる。

備考：芦と、便宜上訳した。

初出行：1241

カヤツリグサ（植物）　黒タイ語名：*ổ*　ベトナム語名：？　和名：？　学名：？

解説：イネ科カヤツリグサ属（Cyperaceae）かイグサ科（Juncaceae）らしい。ライチャウではこれを用いて米びつ（*cốm khẩu*）を作るので有名。

備考：カヤツリグサと便宜上訳す。

初出行：1242

サクララン　黒タイ語名：*nhả pẹt*　ベトナム語名：cỏ lưỡi trâu　和名：サクララン属

学名：Hoya macrophylla ？

解説：ガガイモ科サクララン属の観賞植物か。

初出行：1244

ファイ（鳥）　黒タイ語名：*nộc phay*　ベトナム語名：？　和名：？　学名：？

解説：ヨシキリと同様、村の周りにいてよく鶏のえさなどをついばみに来る。

備考：chim đỏ lửa［越語名 CVMuon］。Chim rì［越語名マック・フィー］

初出行：1247

シラミ（虫）　黒タイ語名：*hau*　ベトナム語名：chấy　和名：シラミ亜目

学名：Anoplura

初出行：1281

狐狸（動物） 黒タイ語名：*nhên* ベトナム語名：cáo

解説：ベトナム語 cáo は漢字表記すれば「狐」だが、キツネもタヌキも現地には生息しない。黒タイ語 *nhên*、ベトナム語 cáo ともに、トラなどの猛獣を除く肉食獣、ジャコウネコ科を中心とする哺乳類の総称。

備考：村落生活との関わりの点から、狐狸と便宜上訳す。

初出行：1338

ハエ（魚） 黒タイ語名：*xẳm* ベトナム語名：？ 和名：ヘミクルテ属

学名：Hemiculter

解説：コイ科カワヒラ亜科。流れのある川を好む。体長 10 センチ程度で、カム・チョンがソンラーにいた頃ソンラーを流れるナム・ラーの川にたくさんいた。*Pa Xét*（19行）としばしば、対でよばれる。

備考：ハエと便宜上訳す。「ヤマベ」参照

初出行：1369

クモ（虫） 黒タイ語名：*xing xa* ベトナム語名：nhện

初出行：1370

ノミ（虫） 黒タイ語名：*tô mắt* ベトナム語名：bọ chết, bọ chó 和名：ノミ目

学名：Siphonaptera

初出行：1386

マイ・ヒア（植物） 黒タイ語名：（*mạy*）*hịa* ベトナム語名：nứa 和名：？

学名：Neohouzeaua dullooa

解説：竹の種類の中でも薄いため、根っこ近くの節をコップとして用いる。

初出行：1390

クー（植物） 黒タイ語名：*cù* ベトナム語名：gỗ trai 和名：？ 学名：？

解説：かつてこの木か *mạy đi* と呼ばれる木、あるいはスイギュウの角で櫛が作られた。

初出行：1395

菱（植物） 黒タイ語名：*hẻo* ベトナム語名：củ ấu 和名：ヒシ属 学名：Trapa

解説：種子をゆでて食べる。

初出行：1400

ハイン（植物） 黒タイ語名：*co hành* ベトナム語名：？ 和名：？ 学名：？

解説：ヤシ科の木で、長生するが成長が遅い。幹が硬いことで有名で、槍の柄を作るのにしばしば用いられる。幹がまるまるとしているのは、古木であることを意味している。観賞用に鉢に入れてベトナムでもしばしば見られる。野生種は大きくなる。

初出行：1412

タニシ（貝） 黒タイ語名：*hoi* ベトナム語名：ốc

解説：淡水性の巻き貝の総称。

初出行：1424

ポン・ピー（植物） 黒タイ語名：*põng pì*

ベトナム語名：xích đồng nam（赤ポン・ピー）。Bạch đồng nữ（白ポンピー）

和名：シソ科クサギ属（または、クマツヅラ科クサギ属） 学名：Clerodendrum

解説：山のあちこちに生える草の名で、赤い小さな花がたくさんつく。足の筋肉や骨が痛い時の貼り薬に用いる。そのほか、生理不順、高血圧、吹き出物などにも薬効がある。なお黒タイ語でも、赤ポン・ピー（Clerodendrum kaempferi）と白ポン・ピー（Clerodendrum petasites）を区別し、花の色も赤と白で異なる［Cầm Thị Hương 2008: 68-69］。

備考：赤い花を咲かせ、子どもたちがよく摘んで遊ぶ［Nguyễn Khôi（biên soạn）2000: 166］

初出行：1438

コウゾ（植物） 黒タイ語名：*xa* ベトナム語名：dướng 和名：コウゾ

学名：Broussonetia Papyrifera（L.）

解説：しばしば紙漉きに用いる。

初出行：1439

チャン（鳥） 黒タイ語名：*nộc chằn* ベトナム語名：？ 和名：？ 学名：？

解説：詳細不明

初出行：1445

綿（植物） 黒タイ語名：*phải* ベトナム語名：bông 和名：ワタ属

学名：Gossypium

初出行：1445

シロアリ（虫） 黒タイ語名：*puổk* ベトナム語名：mối 和名：シロアリ科

学名：Termitidae

初出行：1456

コウラウン（鳥） 黒タイ語名：*nộc khuổk* ベトナム語名：chim chào mào

和名：コウラウン（紅羅雲） 学名：Pycnonotus jocosus

解説：ヒヨドリ科。頭に青い冠のあり、おしりはオレンジ色。群れをなす。

初出行：1457

サイ（動物） 黒タイ語名：*hẹt* ベトナム語名：tê giác 和名：ジャワサイ

学名：Rhinoceros sondaicus

初出行：1458

ガビチョウ（鳥） 黒タイ語名：*nộc thúa lãng* ベトナム語名：chim liếu điếu

和名：ガビチョウ 学名：Garrulax canorus

解説：チメドリ科。茶褐色で、目の周りが白い。よく飛び回り、群れになってよくさえずる。鳴き声は動物の声のようによく響く［Nguyễn Khôi（biên soạn）2000: 167］。

備考：「チメドリ」参照。この鳥に関する伝承については、☞ 11 講

初出行：1462

コオロギ（虫） 黒タイ語名：*chí cúng*　ベトナム語名：dế mèn

和名：コオロギ上科　学名：Grylloidea

初出行：1463

カワセミ（鳥） 黒タイ語名：*nộc tên*　ベトナム語名：bói cá, bồng chanh（カワセミ）

和名：カワセミ科　学名：Alcedinidae

解説：*nộc tên xẽo* と *nộc tên lỏng* の２種に分けられる。*nộc tên xẽo* は空中で静止飛行し、水中に急降下して獲物を捕らえる。*nộc tên lỏng* は、*nộc tên nọi* ともよばれ、カワセミのこと。ここではカワセミと訳した。

初出行：1466

カニ（動物） 黒タイ語名：*pu*　ベトナム語名：cua

初出行：1464

カエル（両生類） 黒タイ語名：*tô khiết*　ベトナム語名：ngóe, nhái

和名：アカガエル科ヌマガエル、アマガエル科

学名：Fejervarya（Rana）limnocharis、Hylidae

初出行：1467

ソリザヤノキ（植物） 黒タイ語名：*óng ca*　ベトナム語名：núc nác

和名：ソリザヤノキ　学名：Oroxylum indicum

解説：実を囲炉裏であぶり、灰をはらってから、切って漬け汁に漬けて食べる。

初出行：1471

ニラ（植物） 黒タイ語名：*hom xlẹp*　ベトナム語名：hẹ[CVMuon]　和名：ニラ

学名：Allium tuberosum

初出行：1475

レモングラス（植物） 黒タイ語名：*khinh chãư*　ベトナム語名：（củ）sả

和名：レモングラス　学名：Cymbopogon nardus

初出行：1476

サトウキビ（植物）　黒タイ語名：*ỏi*　ベトナム語名：mía　和名：サトウキビ

学名：Saccharum officinarum

初出行：1487

梅（植物）　黒タイ語名：*phung*　ベトナム語名：mơ, m　和名：ウメ

学名：Prunus mume

初出行：1491

鯁魚《ケンヒー》（魚）　黒タイ語名：*pa chát*　ベトナム語名：cá trôi　和名：ケンヒー

学名：Cirrhinus molitorella

解説：コイ科ラベオ亜科。紅河流域に広く分布し、小骨が多いが広東省では美味で有名。頭が小さく長細い。体長は25センチくらい。

備考：「モロコ」参照

初出行：1502

ディル（植物）　黒タイ語名：*phắc chĩ*　ベトナム語名：thìa là

和名：イノンド（蒔蘿）、英名：ディル　学名：Anethum graveolens

解説：セリ科イノンド属。タイ国やラオスにおけるパクチーは、コリアンダー（セリ科コエンドロ属コエンドロ）のこと。タイ国では、ラオの「パクチー」とよぶ。どちらも香草として食される。葉がしなやかで女性的にか細いさまが、恋人にたとえられる。

初出行：1520

キワタ（植物）　黒タイ語名：*co nghịu*　ベトナム語名：cây gạo

和名：キワタ（パンヤ科）　学名：Bombax ceiba

解説：綿毛を布団につめる。

初出行：1523

イチジク（植物）　黒タイ語名：*đứa*　ベトナム語名：sung

和名：フサナリイチジク　学名：Ficus racemosa

初出行：1528

赤カボチャ（植物）　黒タイ語名：*mák ửk*　ベトナム語名：bí đỏ

和名：カボチャ属　学名：Cucurbita

初出行：1535

青カボチャ（植物）　黒タイ語名：*mák phặc*　ベトナム語名：bí ngô

和名：カボチャ属　学名：Cucurbita

解説：紅河デルタのものと異なり、薄黄色が混じっている。

初出行：1536

タマムシ（虫）　黒タイ語名：(*mẽ*)*. chặp*　ベトナム語名：cánh cam?

和名：タマムシ科　学名：Buprestidae

解説：かつてはタマムシの羽で服を飾った。

初出行：1541

縁の赤いクズウコン（植物）　黒タイ語名：*tong pãnh*　ベトナム語名：？　和名：？

学名：？

解説：クズウコンの一種だが、葉の縁が赤い。

初出行：1547

ひよこバナナ（植物）　黒タイ語名：*cuổi cáy nọi*　ベトナム語名：chuối ngự

和名：バナナ　学名：Musa acuminate

解説：あたり一面を芳香で包むほど香りが強く、甘い小ぶりのバナナ。

初出行：1548

サツマイモ（植物）　黒タイ語名：*mẵn ngô*　ベトナム語名：khoai lang

和名：サツマイモ　学名：Ipomoea batatas

初出行：1549

長ヒョウタン（植物）　黒タイ語名：*tảu pùng*　ベトナム語名：bầu

和名：ヒョウタン　学名：Lagenaria siceraria

解説：蔓も実もとても長い種類のヒョウタンであるという。特定の種のヒョウタンではなく、文学の中にのみ登場する。

備考：dây bầu［越語名マック・フィー］

初出行：1549

ハム（植物） 黒タイ語名：*hẵm* ベトナム語名：？ 和名：？ 学名：？

解説：しばしば豚のエサにする。ムオンテなどに多い葉の大きな草だという。

備考：『ターイ・越語辞典』{Hoàng Trần Nghịch, Tòng Kim Ân（biên soạn）1990: 113}によると、ベトナム語名 giổi（Michela オガタマノキ属）：常緑高木。辞典の記述は正しくないと思われる。

初出行：1743

カッ（植物） 黒タイ語名：*co cạk* ベトナム語名：cây mạ 和名：？ 学名：？

解説：カム・チョンはどういう木か知らないが、群生するといった。

備考：マック・フィーはカッの木（gỗ cạ）とのみ記して訳さず。硬くて軽い材だという。

初出行：1748

ム（植物） 黒タイ語名：*co mữ* ベトナム語名：？ 和名：？ 学名：？

解説：小さい実の熟したを蒸して、おこわに包んで食べることができる。

備考：マック・フィーはムの木（gỗ mứ）とのみ記して訳さず。硬くて軽い材だという。

初出行：1749

オシドリ（鳥） 黒タイ語名：*én ương* ベトナム語名：uyên ương 和名：オシドリ

学名：Aix galericulata

初出行：1773

ムクドリ（鳥） 黒タイ語名：*iểng kéo* ベトナム語名：con sáo 和名：ムクドリ科

学名：Sturnidae

解説：『ターイ・越語辞典』{Hoàng Trần Nghịch, Tòng Kim Ân（biên soạn）1990: 132}によると、iểng kéo はクビワムクドリ［con sáo sậu］（Sturnus nigricollis）。

備考：マック・フィーはムクドリ科キュウカンチョウ［越語名 yểng］（Gracula religiosa）と訳しているが、キュウカンチョウは黒タイ語で *iểng cằm* である。

初出行：1777

タケネズミ（動物） 黒タイ語名：*ổn*　ベトナム語名：dũi　和名：タケネズミ科

学名：Rhyzomidae

初出行：1801

センザンコウ（動物） 黒タイ語名：*lìn*　ベトナム語名：tê tê

和名：センザンコウ　学名：Pangolin

解説：全身に鱗があるために *kết ổn* ともよばれる。夜行性で、ありなどを食べる。肉は美味である。

初出行：1801

デンジソウ（植物） 黒タイ語名：*phắc vèn*　ベトナム語名：rau bợ

和名：熱帯デンジソウ（ナンゴクデンジソウ）　学名：Marsilea crenata

解説：ベトナムの湖沼や水路では広く見ることができる。「水上に青い花を咲かせる水草で、実は食べることができる」とカム・チョンは説明したが、デンジソウはシダ科なので花は咲かせない。タイ国でも広く生で食される。

初出行：1828

カンランモドキ（植物） 黒タイ語名：*cưởm*　ベトナム語名：？　和名：？　学名：？

解説：樹種不明。カンラン（Canarium album）{黒タイ語名：*mák bay*、ベトナム語名：quả trám)} に似た実をつけるが、カンランとは異なり酸味がない。

備考：カンランモドキと便宜上訳す。

初出行：1839

4）擬音語・擬態語

行	黒タイ語	解説	備考
40	*xlẵm pòi xlăm pọi*	似たり寄ったりなさま	
41	*xiêu hiểu*	赤ん坊が成長して、赤ん坊らしいらしいむちむちした体の膨らみがなくなってくるさま	
56	*bư dự bư dằng*	スルズル鼻水を垂れるさま	
97	*niểng nặc*	おこわを手でちぎり、握ってだんごにするさま	
98	*niểng niêu*	ねばねば、おこわがくっつき合うさま	
160	*phĩ phựa*	黒髪のつややかなさま	
164	*xĩ lỗi xì lọi*	うやうやしく三顧して、跪拝するさま	
200	*chĩ chượi*	黒髪のつややかなさま	*phĩ phựa*
528	*xon lỗn*	不揃いで、デコボコなさま	
658	*chĩ chưỡn*	月日がめまぐるしく過ぎるさま	
659	*chĩ chọi*	月日がめまぐるしく過ぎるさま	*chĩ chưỡn*
704	*hốc khuốp khảu nău nă, chết khuốp pa nău nặm*	「田んぼで６回刈りとって、川の魚は７回めぐってきた」とは、７年たったこと	
729	*mưỡng luông cuông phủ*	「府たる大ムオン」。黒タイ、白タイを中心とするムオン（くに）の最有力の中心的ムオン	
811	*vĩ vỗi*	赤ん坊の泣き声	
822	*khi khon*	カム・カーの鳴き声	
823	*khi khon*	川のせせらぎ。カム・カーの鳴き声と同じ擬音語を用いる	
939	*nhì nhắc*	草の茂みをざわざわ押し分けるさま	*nhì nhỗng*
940	*nhì nhỗng*	草の茂みをざわざわ押し分けるさま	
970	*xỗm xỗm*	繁茂しているさま	
1203	*nhĩ nhõn*	ずっと続いていくさま	
1204	*nhĩ nhõi*	ずっと続いていくさま	*nhĩ nhõn*
1306	*bưa dĩra*	たくさんあつまるさま	
1309	*cả dác*	ニワトリが捕らえられたときにあげる声	
1310	*cả dốc*	*cả dác* と同じ擬音語（繰り返しを避けるために、わざと母音を変えて表現）	*cả dác*
1358	*lĩ lãi*	わずかなさま	
1371	*dệt ik ik*	あくせくするさま。せかせかするさま	*dệt ón ón*
1372	*dệt ón ón*	あくせくするさま。せかせかするさま	
1389	*nhang*	髪が乱れているさま	
1413	*nhã nhại*	すばやくうごくさま	
1422	*hẳm hượk*	のび放題なさま	
1423	*pũa nũa*	雑然としているさま	

1427	*cọ kẹ*	かたくなに反抗的に反論するさま	
1428	*dệt chlừn*	言葉に出さず、無視して反抗を示すさま	
1429	*dệt chlẵng*	言葉に出さず、無視して反抗を示すさま	*dệt chlừn*
1459	*ót ét*	のしのし歩くさま	
1469	*xăn vẵn*	たくさん出てくるさま	
1523	*xỗi xôm*	たくさんの若葉が美しく連なっているさま	
1526	*đứv*	山々が折り重なっているさま	
1538	*lãu lã*	不吉なさま	
1542	*dặc dặc*	一歩ずつ歩むさま	
1553	*bánh be*	離ればなれなさま	
1569	*hau*	病気の鳥などが首をうなだれてじっとしているさま	
1571	*đá đương*	厳しく叱責するさま	
1576	*chĩ chõn*	何度も繰り返すさま	
1577	*chĩ chọi*	何度も繰り返すさま	*chĩ chõn*
1718	*xưn tụn*	わけもなく仏頂面しているさま	
1744	*dóm dõ*	深い悲しみで心がどきどきするさま	
1761	*bói hói*	活気のあるようすが続くさま	
1765	*dong dong*	メロディーを奏でるさま	
1776	*khay hừa*	明るく元気のあるさま	

5）諺・慣用句

関連行	黒タイ語	解説
155	*U tan cánh nhăm đi, pi chừơn cánh bươn khừn.*	「良い日、吉日、年は往き、月は満つ」は、良い年の月が満ちはじめる良い日取りを選ぶ意味
249-250	*ik lãnh ik ngãi*	食後の洗いものをする
309	*pết xáy cáy phặc*	「アヒルが産み、ニワトリが孵す」。黒タイの間では、アヒルが卵を産んだあと、ニワトリに孵させ、ヒナのうちはひよこと育てる
311	*cáy hiểu xuôn hãi*	「ニワトリがいたずらして菜園を荒らす」とは、姦通の比喩である
318	*xíp xồm báu tò xồm mák phẽn, xíp nẽn báu tò xồm nẽn chụ cáu.*	「グルゴーの実ほど酸っぱいものはなく、初恋の人ほどたましいを奪われた人はいない」。ここでは「かつてのチュー」を初恋の人と訳した。チューについては☞「5講」
326	*pặt mã khạy nạy nã*	「今となっては」という意味の歌謡表現。本書では「そんなこんなで」と訳した
364	*xi xả pạ lĩnh.*	「サーとまぐわうのは、サルと寝るのとおなじ」として、サーとの婚姻をタブー視した
489	*Nhĩng khong khai, chãi khong liệng.*	諺「女子は売りもの、男子は養いもの」。父系制なので女子は婚出すると成員権を失う。娘の結婚で夫方の親族より婚資を得ることができる。いっぽう、男は花婿奉仕に来る間養わないといけない
491	*khắm pai mừ*	文字通り訳すと「握手する」の意味だが、ここでは夫婦になることを意味する
492	*đảy ngĩn tộc pay bó, đảy ngĩn khó pay Lão.*	成句「悲しみのあまりボーに行く。つらさのあまりラオに行く」のボーは、どこか特定の場所を意味するのではなく、西（ラオ側）のどこかの意味。本書では「ボーに行く」を「どこぞへ行ってしまう」と訳した
568	*Mường Tớc mĩ bók bua, Mường Pũa mĩ bók dải.*	「ムオン・タック（ソンラー省フーイエン県）には蓮の花、ムオン・プアにはダーイの花」
595	*ta vễn tai.*	直訳すると「太陽が死ぬ」だが、死ぬこと
634	*xam xíp khoăn màng nả, hả xíp khoăn màng lăng.*	「30の魂魄が前に、50の魂魄が後ろに」。合計80の魂魄が人体各部に宿っている
652	*hua cõ hãu nị mĩ từa khát, hu cõ ãi hời!*	「わたしたち頭と首みたいなのを裂くことができるだなんて！ねえ！」。頭と首は愛し合っている恋人たちのたとえ
658	*bắt nừng*	歌謡の始まりを示す言葉。「まず」「はじめに」などの意味。***bắt nĩ***とも言う
703-704	*hốc khuốp khảu nãư nã, chốt khuốp pa ãư nã.*	「田んぼで6回刈りとって、川の魚は7回めぐってきた」とは、7年過ぎたこと
738	*quãi thảu cữn xú lốc, cỗn cữn xú lũng xú ta.*	「老スイギュウが牛舎に戻るように、人が母方の親族の元に戻るのとおなじ」。スイギュウは死ぬと天上世界の田を耕し、牛舎には戻らない。同様に、婚出した女性は夫の親族たちのもとで死ぬものであり、自分の両親たちのところに戻ってくるものではない

771	*bươn hả phạ họng phôn xẳng lãu.*	「５月は雷とどろき、雨が葦につたえる」とは、陰暦11月には突然雷が鳴って夕立が来て、葦の穂をたたく。時節を示した慣用句
810	*kĩnh côm mỗm tăng*	「張りがあって、胸がたっている」とは、女性の美しい身体のさま
955	*mè pã đò cõ đươi*	首もとにまだらがある若い鳥のように美しい、初産直後の女性の形容
962	*bươn xam khảu nã phuỗng pen pí, bươn xí chọi khảu lìng mã tu, bươn hả tạn phẫn chọk, bươn hốc tạn phẫn lòng.*	時節を示した慣用句 「３月は田の稲がまっすぐで笛が作れる。４月は稲を斜めになって運び入れる。５月は唐臼で米を搗く。６月は舟形の臼で米を搗く」
1059	*phủ lắc tỗ cạ, phủ chạ tỗ kin.*	諺「賢者は思惟し、愚か者は食べるのみ」
1109-1101	*tai cắp pộc lãng lãu, tai cắp pãu lãng lẹo, tai cắp kẻo mìng chụ báu lính mã xông.*	「死んでも、たいせつな人のむねのうち、死んでも、愛する人のむねのうちにあるかぎり、死んでも、愛するものにかけて、悔いはない」とは、決死の覚悟を述べるときによく使われる
1178-1179	*lõng tò nặm cánh pa, lõng tò nã cánh khảu.*	「水あってこその魚、田んぼあってこその米」とは、分かちがたい二つの関係を示す
1275	*xưa khóp!*	「トラがかみつくぞ！」 ブタやスイギュウをしかる言葉。
1276	*nhên khóp!*	「狐狸がかみつくぞ！」 ニワトリをしかる言葉。*nhên*（ジャコウネコ科を中心とする野生の哺乳類の総称）を、便宜上狐狸と訳す
1280	*bók lụk au kén ta, dá ma chẳng au mạy.*	「子どもは目で諭し、棒を手にするのは犬をしかるとき」。子どもへのしつけ方を示す
1282	*nhẻm ngãu mỏ tóm*	「薄い銅鍋をぼさっと見つめる」。女性が家事労働を怠けるさま
1309	*nặm ta đăm*	「黒い涙を流す」が直訳の慣用句。ここでの「黒い」は強い悲しみの感情を示す
1432	*báu chãu xăng*	用事がなにもないこと。女性がこの言葉で何かを断る場合は、月経中であることを暗に意味する
1433	*xảng pãnh mong*	「脇になにもなく、あいている」とは、夫婦同衾しなくなり、独り寝していること
1436	*băng biến khảu lựp phạ cằm cáp pi ba.*	「変わって、バナナの花が折り重なっているような空のすきまに入る」とは、女性が死んで天上に昇ること
1491-1492	*còi nháư còi xung nỡ!*	「のびのびそだって、大きくなってね」とは、子どもに大人がよく言う言葉
1498	*khảu chết chặn đin kén.*	「７層も下の地下深くにもぐりこむ」とは、死ぬこと
1572	*xính hữ,*	「どうすれば」という意味。文語や歌謡で用いる表現
1642	*báu lỗn*	かなうはずのない夢を語る場合に用いる表現
1649	*cai nhăm in bók đứa, cai nhăm in báo xáo.*	「イチジクの花で遊んだあの頃、若者とむすめが遊んだあの頃」。『クアム・バオ・サオ（*Quăm Báo Xao*）』の一節
1656	*pên xữ tó pên đu*	「いったいぜんたい」を意味する文語または歌謡表現
1659	*hua chaư cánh hua cõ*	自分の愛娘のこと
1662	*đưa hãnh tó đưa đu*	どうにもならないこと
1663	*hặc phủ hãnh pãnh phủ dượn*	諺「大事にするのは、尽くしてくれる人のこと」

1665	*dượn tõ phạ*	「精一杯がんばったがだめだった」という意味。
1728	*pì nọng tắt cỏng lĩn báu khát, tốc cảu lạt báu xia.*	「キョウダイの間が切れないのは、樋からしたたる水のごとし。市場を九つもたずねても完全に切れない」とは、キョウダイの縁は断ち切りがたいことを意味する
1719	*xíp hốc xíp xăng*	意味は「16」。*xăng*（サーン）には意味がない。竹のホック（*hốc*）とサーンが対でよく用いられるのに倣い、対句になっている
1790	*kẻo chường chọi*	財産となる貴重品の総称
1794	*xửa nùng luộn*	着衣する各種衣類の総称
1799	*hặc căn nhã hặc họn, hặc họn mẵn báu lõng*	「愛しあっても抱くことを好むな。抱くことを好むと続かない」として、『クアム・ソン・コン』に取り入れられる。また次のようにも言う。「長く続くのは水と魚のようなもの。あるいは、田と家のようなもの（*nhằng lõng tỏ nặm cánh pa, nhằng lõng tỏ nã cánh khảu*）」
1819-1820	*hưỡn mũn pừa nó lằn, hưỡn nằn pừa mè nọi.*	「家が散らかっているのはランのタケノコを食べたから。家が騒々しいのは妾がいるから」とは、ランのタケノコを食べると、殻が多くてゴミがたくさんでるように、妾がいると家にいざこざが絶えない

引用文献

樫永真佐夫

2005 「ムオンの歳時記　第２回　春を告げる嵐」『季刊民族学』113（2005 年春号）：57-63

2007 「西北ベトナム・恋愛叙情詩『ソン・チュー・ソン・サオ』―婚礼の宴で聞かせる悲恋の歌」『季刊民族学』119（2007 年新年号）：53-57

2009 『ベトナム黒タイの祖先祭祀―家霊簿と系譜認識をめぐる民族誌』風響社

2010 「ベトナムにおける黒タイの文字文化」『明日の東洋学』（東京大学東洋文化研究所東洋学研究情報センター報）22（2010 年 1 月）：1-5

2011 『黒タイ年代記―「タイ・プー・サック」』雄山閣

Cầm Cương

1993 *Tìm hiểu văn hoá Thái ở Việt Nam*, Hà Nội：NxbKhoa học Xã hội.

Cầm Cương và Hà Thị Thiệc

1987 Quấm tô khâm khá (Sự tích chim Tử qui), Trần Ngọc và Khánh Chức (biên soạn) *Truyện Dân gian Thái (Quyển II)*, Hà Nội: Nhà xuất bản Khoa học xã hội. Trang 177-179

Cầm Thị Hương

2008 *Thuốc cổ truyền của dân tộc Thái*, Hà Nội: NxbY học.

Cầm Trọng

1978 *Người Thái ở Tây Bắc Việt Nam*, Hà Nội: Nhà xuất bản Khoa học xã hội.

2005 *Người Thái*, TPHồ Chí Minh: NxbTrẻ.

Cầm Trọng và Cầm Quynh

1960 *Quắm Tố Mướn (Kể chuyện bản mường)*, Hà Nội : Nhà xuất bản Sư học.

Cầm Trọng và Phan Hữu Dạt

1995 *Văn hoá Thái Việt Nam*, Hà Nội：NxbVăn hoá Dăn tộc.

Dumoutier,Gustavu,

1887 *Les pagodes de Hanoi : Étude d'archéologie et d'épigraphie anamites*, Hanoi: Imprmerie typo-lithographique F.-H.Schneider.

Gaspardone, E.

1939 Annamites et Thai au XVe siècle, *Jounrnal Asiatique: recueil trimestriel de mémoires et de notices relatifs aux études orientales* CCXXXI: 405-436

Hoàng Trần Nghịch

1998 Nỗi vấn vương về kho sách chữ Thái cổ, Hội văn nghộ dân gian Việt Nam (biên soạn), *Giữ gìn và phá huy tài sản văn hoá các dân tộc ở Tây Bắc và Tây Nguyên*. Hà Nội: Nhà xuất bản Khoa học xã hội. Trang 188-194

Hoàng Trần Nghịch và Tòng Kim Ân (biên soạn)

1990 *Tư Điển Thái – Việt*. Hà Nội：Nhà xuất bản Khoa học xã hội.

Lê Tuấn Việt (sưu tầm), Mạc Phi (biên soạn)

1964 Chàng Lú và Nàng Ủa, trong Mạc Phi (dịch, khảo dị, chú tích) *Chàng Lú Nàng Ủa (Khun Lú – Náng Ủa)*, Hà Nội: NxbVăn học. Trang 169-173

Mạc Phi (dịch, khảo dị, chú tích)

1964 *Chàng Lú Nàng Ủa (Khun Lú – Náng Ủa)*, Hà Nội: NxbVăn học.

Nguyễn Khắc Tụng

1993 *Nhà ở cổ truyền các dân tộc Việt Nam (Tập 1)*, Hà Nội: Hội khoa học Lịch sử Việt Nam – Trung tâm Nghiên cứu Kiến trúc – Đại học Quốc gia Kiến trúc Hà Nội.

Nguyễn Khởi

2002 Đôi lời về "Xống Chụ Xon Xao", Chương trình Thái học Việt Nam (biên soạn), *Văn hoá và lịch sử các dân tộc trong nhóm ngôn ngữ Thái Việt Nam*. Hà Nội: NxbVăn hoá Thông tin. Trang 791-802

Nguyễn Khỏi (biên soạn)

2000 *Tiễn dặn người yêu (Sống chụ son sao): Tryuyện thơ dân tộc Thái*, Hà Nội: NxbVăn hóa Dân tộc.

Nguyễn Văn Hoà

2003 *Truyện thơ trường ca dân gian Thái: Xống Chụ Xon Xoa*, Hà Nội: Chương trình Thái học Việt Nam, Trung tâm Nghiên cứu Việt Nam và Giao lưu văn hóa, Đại học Quốc gia Hà Nội

Onishi, Kazuhiko

2011 Nữ tu sĩ bà Nguyễn Thị ở chùa Linh Sơn , Thăng Long - thế kỷ 18, Hội Khoa học Lịch sử Thừa Thiên Huế (biên), *Phụ nữ Việt Nam trong di sản văn hoá dân tộc*, Hà Nội : Nhà xuất bản Chính trị Quốc gia-Sự thật. Trang. 294-315

Pham Ngọc Khuê

2004 *Mỹ thuật Dận tộc Thái ở Việt Nam*, Hà Nội: NxbMỹ Thuật

St. Tecla, Adriano di

2002, *Opusculum de Sectis apud Sinenses et Tunkinenses (A Small Treatise on the Sects among the Chinese and Tonkinese) : A Study of Religion in China and North Vietnam in the Eighteenth Century*, translated and annotated by Olga Dror, New York: Cornell University

Tai Studies Center (ed.)

1985 *Song Chu Son Saau (a Tai Legend)*, Des Moins: Tai Studies Center

Tạp chí Dân tộc học (biên soạn)

1980 Danh mục các thành phần dân Tộc Việt Nam, *Tạp chí Dân tộc học* số 1980 (1): 78-83.

Trần Lê Văn

1987 Hạn khuốn, một hình thức hội diễn ca nhạc cổ truyền của đồng bào Thái ở Tây Bắc, *Văn hóa Dân gian* 1-1987: 61-64.

あとがき

この本はいつか書きたいと思っていた。いや、いつか書かなければと思っていた。カム・チョン先生との10年間に教わった黒タイ文書のうち、年代記『クアム・トー・ムオン』、家霊簿、年代記『タイ・プー・サック』はすでに校訂し、訳注をつけて刊行している。最後に残っているのが、この『ソン・チュー・ソン・サオ』だったからである。

しかしこの本の執筆には、なかなか重い腰が上がらなかった。というのは、まずこれをどのような文体でどのように日本語訳するのが適当か、定まらなかったからである。次に、黒タイの文化事典を執筆するつもりでないとできあがらない大仕事に思えたからである。

歌に登場する動植物の訳語を考えるだけでも、とりかかってみると、たしかにやっかいだった。170以上の動植物名があらわれる。村に出かけ、ベトナムやタイで買い集めてきた動植物図鑑類、薬草図鑑類の分厚いページを繰り、ベトナム語名またはタイ語名、学名を同定し、それに基づいて和名を探った。黒タイの人々から見た地域の豊かな生態環境を描き出せるのではと胸をふくらませていたからか、しかし、この作業は実は楽しかった。残念ながら、科の同定にさえたどりつけなかった生物種がいくつもあるのだが。

黒タイの社会や文化の解説を書くために、カム・チョン先生の民族誌をいくつか読んだ。読み直したものもあれば、恥ずかしながら今さら新しく読んだものもある。先生の著作をひもとけば、黒タイを中心とするターイの歴史、文化、社会が、手際よく鮮やかに整理されて書かれている。一見モデル化されすぎている切れ味のいい解説のなかに、先生がふと思い出深く、変わりゆく村の日常をよそ目に昔日の情をにじませていることがある。ついほろりとさせられるのは、今のわたしにとって、村のくらしに埋もれようとしていた日々やら、先生のお宅で「カム・チョン節」を拝聴していた毎日やらが、すでに追慕の対象だからだろうか。

ときどき思い出すことがある。カム・チョン先生と、２週間ほどトゥアンザオで寝食をともにし、知人に借りた自転車２台で村に通っていた2000年８月のある日である。先生が真顔できいた。「おい、マサオ。おまえ、ちゃんとここに恋人いるんか。恋人つくらないと、文化なんかわからんぞ」。

わたしはあいまいにごまかしながら、「先生もあちこちに恋人いたんですか」と問い返した。間髪おかずに「あたりまえだ。あちこちにおった。昔のことだし、今どうなっているのか知らんが」とおっしゃった。

「稲の恋人」の花

このやりとりの思い出は、なぜかあるイメージとくっついている。それは、稲の花が咲く頃、畦に可憐な花を咲かせる草、その名も「稲の恋人（チュー・カウ）」が、ひろくて、明るくて、深い青空を背にして風にそよいでいるイメージである。先生が「稲の恋人」を手にして説明したのは、トゥアンザオでのことではない。先生の生まれ故郷ムオン・ムアッ（マイソン）を訪れた、もう少しあとのことである。すでに知己も少ない故郷へ久々に足を踏み入れた先生の胸中に、かつてのチューへの思い出も去来していたのだろうか。わたしは勝手にたくさんのイメージをつむぎあわせ、思い出をありったけ美しく飾って楽しんでみる。

本書は、先生のまじめな質問にたじろぎ、適当にはぐらかすことしかできない不肖の弟子が、現地の人が誰も読めない日本語で、黒タイの恋だの文化だのをえらそうに論じた本である。このイタさに、先生はあきれはてるだろう。ましてや本書を最初から読んできて、やっとこさここまでたどりついた読者なら、「そういうことはちゃんと前書きに書いてくれ。そしたら読まずにすんだのに」と怒るかもしれない。しかし、末尾だからこそ言っておこう。おあいにくさま！

こんな感じで人生をなめきって、いつも気ままにやりたい放題を貫いてきた。そんなわたしに耐えている連れ合い、いきなりの訪問をいつでも手厚くもてなしてくれるカム・チョン先生のご家族、トゥアンザオで動植物名の同定にかなりご協力くださったカ・ヴァン・ムオン氏には、とくにお礼とお詫びを申し上げておきたい。

2012 年 11 月 4 日

（謝辞）
『黒タイ年代記―「タイ・プー・サック」』に引き続き、この叢書から本書を刊行するにあたり、雄山閣編集部の八木崇さん、桑門智亜紀さんをはじめ、東京外国語大学アジア・アフリカ言語文化研究所クリスチャン・ダニエルス先生、および共同研究「タイ文化圏における山地民の歴史的研究」のメンバーの方々にもお世話になった。他誌に書いていただいたイラストを転載させてくださった栗岡奈美恵さんにもお礼申し上げたい。

前書の「あとがき」にも書いたが、さかのぼれば、日本学術振興会特別研究員（DC1）(1997 ～ 2000 年) として、また松下国際財団アジア・スカラシップ奨学生（2001 ～ 2003）として助成を受け現地にいたときに身についた、いわば黒タイ社会に対する質感，触感のようなものが、本書執筆の根底にはある。それがなければ本書もなかった。そんなわけで日本学術振興会、松下国際財団には、今以て感謝の念に堪えない。また国立民族学博物館機関研究「テクスト学の構築」（代表：齋藤晃、2004-2008 年）のコアメンバーとして活動して得た知識と経験、総合研究大学院大学若手教員海外派遣事業によるタイ国滞在（2009-2010 年）、科研「中国南北の国境地域における多民族のネットワーク構築と文化の動態」（研究代表者：塚田誠之、2007 ～ 2009 年度）、「東アジアにおける『地方的世界』の基層・動態・持続可能な発展に関する研究」（研究代表者：藤井勝、2007 ～ 2009 年度）、「中国の『国境文化』の人類学的研究」（研究代表者：塚田誠之、2009 ～ 2012 年度）「メコン川流域地域在地文書の新開拓と地域史像の再検討―パヴィ調査団文書を中心に」（研究代表者：飯島明子、2009 ～ 2011 年度）などによる調査研究も非常に有益であった。お礼申し上げたい。

樫永真佐夫（かしなが　まさお）
1971年兵庫県生まれ。
2001年東京大学大学院総合文化研究科超域文化科学専攻文化人類学コース単位取得退学。博士（学術）。
黒タイ文化の継承に関する研究で、第6回日本学術振興会賞受賞（2010年）。
現在、国立民族学博物館准教授。

著書・編著書
『黒タイ年代記「タイ・プー・サック」』(2011年、雄山閣)、『ベトナム黒タイの祖先祭祀―家霊簿と系譜認識をめぐる民族誌』（2009年、風響社）、Kashinaga Masao(ed.) Written Cultures in Mainland Southeast Asia (2009, Osaka: National Museum of Ethnology)、『東南アジア年代記の世界―黒タイの«クアム・トー・ムオン»』(2007年、風響社)、『黒タイ首領一族の系譜文書』(2007年、国立民族学博物館、カム・チョンとの共著書）ほか

平成25年3月25日　初版発行

東京外国語大学
アジア・アフリカ言語文化研究所
叢書 知られざるアジアの言語文化Ⅶ

黒《くろ》タイ歌謡《かよう》〈ソン・チュー・ソン・サオ〉
―村のくらしと恋―

著者　樫永 真佐夫
発行者　宮田 哲男
発行　雄山閣
〒102-0071
東京都千代田区富士見2－6－9
TEL03-3262-3231　FAX03-3262-6938
http://www.yuzankaku.co.jp
印刷　株式会社 ティーケー出版印刷
製本　協栄製本 株式会社

ISBN 978-4-639-02260-2 C3022
N.D.C.388
237p 22cm